लोक-व्यवहार

(लोगों को अपना बनाने की कला)

AF663577

लोक-व्यवहार

(लोगों को अपना बनाने की कला)

जीवन में लोक-व्यवहार की महत्त्वपूर्ण भूमिका पर
प्रकाश डालनेवाली एक अनूठी पुस्तक, जो
आपको दिलाएगी अपार प्रेम, खुशी,
अपनापन और अभूतपूर्व
सफलता।

सूर्या सिन्हा

प्रभात
पेपरबैक्स
www.prabhatbooks.com

प्रकाशक

प्रभात पेपरबैक्स

4/19 आसफ अली रोड, नई दिल्ली–110002

फोन : 23289555 • 23289666 • 23289777 ◆ फैक्स : 23253233

इ–मेल : prabhatbooks@gmail.com ◆ वेब ठिकाना : www.prabhatbooks.com

संस्करण

2016

सर्वाधिकार

सुरक्षित

मूल्य

एक सौ पच्चीस रुपए

अ.मा.पु.स. 978-93-5186-638-1

मुद्रक

नरुला प्रिंटर्स, दिल्ली

---★---

LOK-VYAVAHAR (Logon Ko Apna Banane Ki Kala)

by Surya Sinha

Published by **PRABHAT PAPERBACKS**

4/19 Asaf Ali Road, New Delhi-10002

ISBN 978-93-5186-638-1

₹ 125.00

शुभकामनाओं के साथ सप्रेम भेंट

प्रिय स्नेही,

श्री/श्रीमती/कुमारी ____________________

मुझे हार्दिक खुशी है कि मैं प्यार की सौगात के रूप में यह पुस्तक आपको सप्रेम भेंट कर रहा हूँ।

दरअसल, भागमभाग भरे भौतिकवादी जीवन में आज हम खुलकर किसी को अपना नहीं पा रहे हैं और न ही किसी के अपने बन पा रहे हैं। हमारी भावनाएँ, हमारा आपसी प्यार हमारे मन में ही दम तोड़ने लगा है। इसलिए घर में, समाज में, मित्रों में, संबंधियों में दूरियाँ बढ़ रही हैं।

निश्चित ही यह पुस्तक आपसी सन्नाटे और दूरियों को मिटाकर नई भावना, नए उत्साह और प्रसन्नता के द्वार खोलने में सहायक होगी। मानवीय व्यवहार पर आधारित यह एक श्रेष्ठ पुस्तक है, जो तोड़ती है–मौनता, और एक–दूसरे को जोड़ती है–समता, ममता और प्यार से।

मैं चाहता हूँ कि आप भी दूसरों को यह पुस्तक भेंट करके खुशियों का एक नया दौर शुरू करें, ताकि एक ऐसे समाज का निर्माण हो सके, जहाँ हर कोई एक–दूसरे को प्रेमपूर्वक अपना बनाए।

दिनांक : .... **आपका शुभेच्छु**

____

(भेंटकर्ता)

माता वैष्णो देवी
के श्रीचरणों में,
जिनकी मुझ पर है
अपार कृपा।

आभार

सम्माननीय पाठको,

प्रस्तुत पुस्तक को आप तक पहुँचाने में मेरे जिन शुभचिंतकों, हितैषियों, मित्रों आदि ने सहयोग दिया है, मैं उनका हृदय से आभारी हूँ–

- माँ की दुआ, छोटी बहन **आरती** के प्यार और स्नेह ने मुझे सदैव आगे बढ़ने के लिए प्रोत्साहित किया।
- मैं अपने पिता श्री एस.पी. सिन्हा का भी ऋणी हूँ, जिन्होंने जीवन में हमेशा ऐसी प्रेरणा दी, जिससे मैं आज आपके समक्ष कुछ कर पाने की योग्यता हासिल कर पाया हूँ।
- मैं **श्रीमती बीना अग्रवाल, रवि चौहान, शकील खान, दीपक धवन** एवं अपने उन सभी मित्रों का भी हृदय से आभारी हूँ, जिन्होंने मुझे मेरे प्रत्येक कार्य में भरपूर सहयोग दिया और अभी भी सहयोग दे रहे हैं।
- जिन्होंने (जिनके नाम मैं पुस्तक में नहीं दे पाया हूँ) मुझे किसी भी प्रकार से सहयोग दिया है और आगे बढ़ने के लिए प्रोत्साहित किया है, उनका भी मैं हृदय से आभारी हूँ और सदैव रहूँगा।

भविष्य में भी मैं आप सभी से इसी प्रकार की सहायता, सहयोग एवं सुझावों की आशा करता हूँ।

आपका अपना

–सूर्या सिन्हा

दूसरों के दुःख में शामिल होकर, उनके गिरते मनोबल को उठाकर और उनके प्रति समानुभूति प्रकट कर आप अपनी व्यावहारिकता का ऐसा परिचय दे सकते हैं जिसका सम्मान वे हमेशा करेंगे और अपनी पूरी जिंदगी आपसे प्यार करते रहेंगे।

–सूर्या सिन्हा

सबसे पहले अपने दिल की बात

मित्रो,

जैसा कि अपनी पूर्व प्रकाशित पुस्तकों में बता चुका हूँ कि मैं एक सफल टी.वी. सीरियल एवं फिल्म एडिटर रह चुका हूँ। मेरे द्वारा संपादित अनेक टी.वी. सीरियल सैटेलाइट चैनलों पर प्रसारित हो चुके हैं। उन दिनों मुंबई ही मेरा स्थायी आवास था। सफलता मेरे सिर चढ़कर बोल रही थी, किंतु अचानक मैं फिल्म वितरण के क्षेत्र में उतर गया। इस व्यवसाय का मुझे अनुभव नहीं था, इसलिए मुझे इतना जबरदस्त घाटा हुआ कि मैं एक प्रकार से कंगाल हो गया। मैंने अपनी असफलता और नुकसान के कारण तलाशे, तो मैं इस नतीजे पर पहुँचा कि मेरे कर्मचारियों, सहयोगियों और साझीदारों ने मुझे धोखा दिया है। बुरे वक्त के उस दौर में सभी ने मेरा साथ छोड़ दिया। इतना ही नहीं, मेरे परिजनों, अवसरवादी मित्रों और परिचितों तक ने मुझसे दूरियाँ बना लीं। मुझे मूर्ख, बेवकूफ और न जाने क्या-क्या कहा। कोई मुझ पर हँसा, किसी ने मुझ पर ताने कसे और किसी ने मेरी असफलता को आधार बनाकर मेरा मजाक उड़ाया। उसी बुरे समय में मैंने जाना कि शिखर से धरती पर आ गिरे व्यक्ति की क्या गति होती है। मैं परेशान और हैरान था कि आखिर क्यों सभी ने मुझसे मुँह मोड़ लिया। इनमें वे लोग भी शामिल थे, जिन पर मैंने अपने

अच्छे वक्त में कुछ अहसान किए थे। सभी परिचितों, मित्रों और अपनों के ऐसे व्यवहार से मेरे अंतर्मन को गहरी ठेस पहुँची। इसके साथ ही मेरे अंतर्मन ने मुझसे कहा, कहीं इसके पीछे मैं ही तो दोषी नहीं हूँ? तब मैंने स्वयं को बिखरने से रोका और आत्मविश्लेषण करने लगा।

आप यह जानकर हैरान होंगे कि आत्मविश्लेषण के बाद मैं इस नतीजे पर पहुँचा कि उन लोगों के मुझसे मुँह मोड़ लेने के पीछे सारा दोष मेरा ही था।

जी हाँ, निस्संकोच मैं स्वीकार करता हूँ कि सारा दोष मेरा था। मेरा सबसे बड़ा दोष यह था कि मैं उन लोगों के दिल नहीं जीत पाया था। कभी खुलकर किसी से कह नहीं पाया था कि आप मेरे अपने हैं और मैं आपसे प्यार करता हूँ।

यह तो मैंने बाद में जाना-समझा कि मैं पूरी तरह औपचारिक और व्यावसायिक था। यही मेरी वह खामी थी, जिसकी वजह से न तो मैं किसी का हो सका और न ही कोई मेरा बन सका। बस, जिंदगी का सफर आगे बढ़ता रहा। लोग मिलते रहे, बिछड़ते रहे और मैं सबसे बेखबर केवल काम में लगा रहा।

व्यवसाय या रिश्ते में असफलता का भी शायद यही कारण था कि मैं न तो अपने सहयोगियों के मन को समझ पाया और न ही मैंने उनकी भावनाओं को समझने की कोशिश की। मैं औपचारिक बना रहा, व्यावहारिक नहीं बन पाया। मैं सोचता था कि मैं अकेला चना ही भाड़ फोड़ रहा हूँ। मैं गलत था, मुझे मन से उन लोगों के साथ जुड़ना चाहिए था। पर जुड़ता कैसे, मेरे अंदर लोगों का दिल जीतने की कला का अभाव था।

जैसा कि सभी जानते हैं, बुरे वक्त में अपना साया भी साथ छोड़ जाता है, पर ऐसे बुरे वक्त में भगवान् की कृपा से मैंने अपने आत्मविश्वास को डगमगाने नहीं दिया। मैंने दृढ़ निर्णय लिया कि मैं अपनी कमियों और कमजोरियों को दूर करके एक नए जीवन की शुरुआत करूँगा। मैंने भगवान् पर दृढ़ विश्वास रखकर अनगिनत मेडिटेशन कैंपों (ध्यान शिविर) में भाग लिया, जहाँ पर मैं ध्यान-साधना करता और खाली समय में सफल लोगों की जीवनियाँ पढ़ता रहता। इसके साथ ही अपनी गलतियों, लापरवाहियों, कमियों और अच्छाइयों का विश्लेषण करता रहता। इस ठोस नतीजे पर पहुँचने की कोशिश करता रहा कि वास्तव में मुझसे गलती या चूक कहाँ हुई, जिससे मेरे अपने मेरा साथ छोड़ गए।

मेडिटेशन यानी ध्यान-साधना करने से मुझे अनगिनत समस्याओं का हल मिला और मैंने जीवन को पुनः एक नए दृष्टिकोण से देखना आरंभ किया। फलस्वरूप मुझे काफी सफलता और नई दिशाएँ मिलीं। आज मैं फिर से सफलताओं की ओर बढ़ रहा हूँ; लेकिन उन दिनों को मैं आज भी नहीं भूल पाया हूँ, जब गर्दिश के दौर में मेरे अपनों ने भी मुझसे मुँह मोड़ लिया था। सच कहूँ, उस समय मुझे दुःख भी बहुत हुआ था और बुरा भी बहुत लगा था। आज मुझे यह कहने में कोई संकोच नहीं कि इसमें उनका कोई दोष नहीं था, दोषी मैं स्वयं था।

एक दिन मेरे मन में आया कि अपनी जिस कमी के चलते मैं असफल हुआ और जिस अव्यावहारिकता एवं औपचारिकता की अधिकता के कारण मेरे अपनों ने ही मुझसे मुँह मोड़ लिया

था, उसे मैं सभी लोगों के सामने लाऊँ, क्योंकि इस तरह की कमी मानव का एक बड़ा दोष है। मेरे जैसे हजारों-लाखों लोग अपनेपन एवं प्यार का इजहार न कर पाने के कारण असफलता का मुँह तो देख ही रहे होंगे, अपनों की उपेक्षा का शिकार भी हो रहे होंगे। क्यों न मैं उन्हें सफलता का वह रहस्य बताऊँ कि वे भी सहजता से दूसरों को अपना बनाना सीखें।

यह वह कला है, जिसे अपनाकर आप अपने जीवन में सफल हो सकते हैं। सबसे पहले आप दूसरों की निकटता हासिल करें, उनका मन जीतें, एक ऐसी प्रतिभा प्राप्त करें, जो असफलता के दौर में भी आपको अहसास न होने दे कि आप असफल हैं। इस एक कला के बल पर आप बड़ी-बड़ी असफलताओं के मुँह मोड़ने में निश्चित रूप से सफल होंगे।

बस दोस्तो! यही सब सोचकर मैंने यह पुस्तक लिखने का निर्णय किया, ताकि पाठक मेरे अनुभव से सीखें।

जीवन में जिन छोटी-छोटी बातों को महत्त्वहीन समझकर हम नजरअंदाज करते रहते हैं, वही बातें आगे चलकर हमारी सफलता-असफलता में महत्त्वपूर्ण भूमिका निभाती हैं। इसलिए व्यावहारिक बनिए। मेरे अब तक के जीवन का यह पूरा निचोड़ है कि लोक-व्यवहार सबसे अधिक लाभदायक मानवीय गुण है। आपका व्यवहार आपके व्यावसायिक जीवन को तो निश्चित करता ही है, पारिवारिक एवं सामाजिक जीवन की बुनियाद भी मजबूत करता है। यदि आप व्यावहारिक नहीं हैं और किसी क्षेत्र में सफल भी हैं, तो विश्वास रखिए, आपकी सफलता की बुनियाद कमजोर है। कहीं, किसी मोड़ पर आप यदि थोड़ा सा

भी लड़खड़ाए तो कमजोर बुनियादवाले मकान की तरह आप पलक झपकते ही ढह जाएँगे। चूँकि आप व्यावहारिक नहीं हैं या व्यावहारिक नहीं रहे हैं, तो मेरी तरह आपको भी समेटने कोई नहीं आएगा। आपके अपने भी आपसे मुँह मोड़ लेंगे और एक गूँजता हुआ वाक्य चारों ओर से आपको सुनने को मिलेगा–'बहुत घमंड था इसे अपने आप पर। अब इसे अपनी हैसियत समझ में आएगी।'

ऐसे में आप टूटकर बिखर जाएँगे और टूटकर बिखरनेवाला हर व्यक्ति आसानी से खड़ा नहीं हो पाता। मित्रो, इस पुस्तक को लिखने का मेरा यही एक उद्देश्य है कि आप अपने व्यक्तित्व में ऐसी किसी कमी को न पनपने दें, जिससे कि आप टूटकर बिखर जाएँ।

आजकल की आपाधापी की जिंदगी में जहाँ हर व्यक्ति एक-दूसरे से स्वार्थवश जुड़ा है, यही सबसे खतरनाक स्थिति है। हमें दूसरों के साथ मन से जुड़ना है–आर्थिक, सामाजिक, पारिवारिक मजबूती और स्थायी सफलता पाने के लिए। इसका सबसे अच्छा तरीका है कि हम लोगों को अपना बनाना सीखें।

–सूर्या सिन्हा

विषय-सूची

कुछ इस प्रकार चली मानव-विकास की यात्रा

मित्रो, प्रत्येक व्यक्ति सफल होना चाहता है, आगे बढ़ना चाहता है और चाहता है–आसमान की ऊँचाइयों को छूना। वह चाहता है कि सारी दुनिया में उसके अस्तित्व को उसके ही नाम से जाना जाए, माना जाए और स्वीकार किया जाए; परंतु क्या यह इतना आसान है?

मैं कहूँगा–हाँ दोस्तो, यह बहुत आसान है। इतना आसान कि आपको स्वयं भी जानकर आश्चर्य होगा।

परंतु एक चीज, जो इस सफलता के लिए, इस ऊँचाई को छूने के लिए सबसे ज्यादा जरूरी है, वह है आपके जीवन में, आपके आस-पास के लोगों और आपके कार्यक्षेत्र में, आपके संपर्क में आनेवालों से आपका व्यवहार। दूसरे शब्दों में जिसे हम लोक-व्यवहार भी कह सकते हैं। लोक-व्यवहार किसी भी व्यक्ति के जीवन में ऐसी महत्त्वपूर्ण भूमिका निभाता है, जो बेजोड़ है, अनोखी है और चामत्कारिक भी।

आपका व्यवहार आपको सबका प्रिय और चहेता बना सकता है तो आपके प्रति लोगों में अलगाव और उदासीनता का भाव भी भर देता है। इस दूसरी स्थिति में आप बिलकुल अकेले पड़ जाते हैं।

जरा सोचिए, क्या नितांत अकेले होकर आप जी सकते हैं?

आज नहीं तो कल, निश्चित ही आपका उत्तर होगा–बिलकुल नहीं।

विश्वास मानिए, यही एकदम सही और लाख टके का उत्तर है।

थोड़ी देर के लिए उस काल की कल्पना कीजिए, जब व्यवहार नाम की कोई चीज प्रचलन में नहीं थी, तब मानव-जीवन कैसा रहा होगा?

वह आदिकाल था यानी कि मानव-जीवन का प्रारंभिक और शैशवकाल।

कहीं कोई नियम नहीं था, कोई भावना नहीं थी, कोई रिश्ता नहीं था। मानव मानव होते हुए भी जानवरों की भाँति जीवन-यापन करता था।

यदि हम मानव-विकास का प्रारंभिक इतिहास देखें तो हमें ज्ञात होगा कि मानव-सभ्यता की शुरुआत समूह में रहने की आवश्यकता की भावना से हुई।

अब जरा कल्पना कीजिए आदिकाल की।

केवल मानव और पशु–और कुछ भी नहीं। जिसकी शक्ति अधिक होती थी, वही दूसरे पर विजय पा लेता था। 'जिसकी लाठी, उसकी भैंस' वाली कहावत मानव और पशु दोनों पर ठीक बैठती थी।

यदि मानव कमजोर हुआ तो पशु का ग्रास बना और यदि पशु निर्बल पड़ा तो मानव ने उसे अपना भोजन बना लिया।

तब जीवन का सिर्फ और सिर्फ एक ही उद्देश्य

था—येन-केन-प्रकारेण यानी कि चाहे जैसे हो, अपना पेट भरना और जीवित रहना।

धीरे-धीरे सभ्यता का सूर्योदय होना शुरू हुआ तो मानव को आत्मबोध होने लगा। उसे एहसास होने लगा कि वह पशुओं से श्रेष्ठ है। उसके बाद उसके मन में अपनी श्रेष्ठता सिद्ध करने की भावना जागी और अपनी श्रेष्ठता सिद्ध करते हुए उसने अपने अनुकूल कुछ नई स्थितियों का निर्माण किया।

आदि मानव ने शारीरिक शक्ति के साथ-साथ अपनी मानसिक शक्तियों को जगाकर उनका प्रयोग करना आरंभ किया। मस्तिष्क जागा तो उसने जान लिया कि अपने अस्तित्व को बनाए और बचाए रखने के लिए उसे एक प्रतिस्पर्धा में जीना होगा, जिसमें वह अकेला नहीं जी सकता। संभवत: इस प्रकार पहली बार उसके मन में सामूहिकता की भावना ने जन्म लिया। तत्पश्चात् सभी में मूक समझौता हो गया कि अपने अस्तित्व की रक्षा के लिए समूह में रहना आवश्यक है और समूह की शक्ति ही मानव का विकास कर सकती है। इस प्रकार मानव समूह बनाकर रहने लगा। फिर अपनी रक्षा और शिकार (भोजन) के लिए उसने पत्थर के हथियारों की रचना करके पशुओं से ऊँचा दर्जा प्राप्त कर लिया। पत्थर के हथियारों के उपयोग से उसे चिनगारी का बोध हुआ और उससे उसने अग्नि पैदा करके अपनी एक और श्रेष्ठता सिद्ध की। रहने के लिए अधिक सुरक्षित आश्रय भी बना लिया।

समय पंख पसारता रहा। धीरे-धीरे मानव पशु से श्रेष्ठतर होता गया। बीतते समय के साथ उसने दूसरों के विषय में भी

सोचना शुरू किया।

आपसी मेल-मिलाप की इस प्रक्रिया में मूल भावना थी सुरक्षा की, जिसे मानव ने पहचान लिया था और महसूस भी कर लिया था।

इसी सामूहिकता ने जन्म दिया समाज को।

समाज एक शब्द मात्र नहीं है–एक भाव है, एक विचार है, व्यक्ति के जीवन को निरंतर सकारात्मक दिशा देने के लिए। समाज की यह भावना जब मानव के भीतर पैदा हुई तो कुछ बंधनों ने भी जन्म लिया। इसी भावना को मूर्त रूप देने की घड़ी आई तो सबसे पहले मानव को अपनी खुली आजादी का त्याग करना पड़ा। उसे यह सोचने के लिए विवश होना पड़ा कि अस्तित्व सिर्फ उसी का नहीं है, दूसरों का भी है। आजादी के परित्याग की बात हो अथवा बंधनों में जीने का तरीका, सिर्फ उसके लिए नहीं है बल्कि यह एक पारस्परिक प्रक्रिया है। यदि दूसरों का साथ चाहिए तो उनका भी साथ देना पड़ेगा, फिर चाहे सुख हो अथवा दुःख, जीवन हो या मृत्यु, सभी में साथ देना पड़ेगा। आपसी मेल-मिलाप और साझेदारी का भाव आदि मानव में पैदा हुआ तो सभ्यता के सूरज ने भी चमकना शुरू कर दिया।

सामाजिकता के इसी भाव ने मानव को प्रेरित किया और उसके बुद्धिबल तथा चतुराई के बलबूते पर मानव-सभ्यता विकसित होती गई। मानव-विकास की यह यात्रा आज भी निरंतर जारी है और जब तक दुनिया रहेगी तब तक जारी रहेगी।

लेकिन–

विकास-यात्रा पर निकला आदमी आज भी संकोची है।

जिस बात को उसे खुले दिल से, स्पष्ट शब्दों में और ऊँची आवाज में कहना चाहिए, वही बात वह संकोचवश कभी नहीं कहता। हालाँकि उसके सभी क्रिया-कलाप उसकी इसी भावना को दरशाते हैं कि वह प्यार करता है–

प्यार करता है अपनी संतान से
अपने माता-पिता से
अपने मित्रों से
अपने परिचितों व संबंधियों से
अपने धर्म से
अपने रीति-रिवाजों से
अपनी संस्कृति से
अपने समाज से
अपने देश से
यहाँ तक कि सारी दुनिया से
और अगर सितारों के आगे कोई जहाँ है तो उससे भी।

मगर अफसोस की बात यह है कि यह सब वह खुलकर स्वीकार नहीं करता, खुलकर कभी भी कह नहीं पाता–मैं तुम से प्यार करता हूँ।

इस पुस्तक का मूल यही है। यदि आप व्यावहारिक होना चाहते हैं तो स्वीकार करना सीखें और अपनी भावनाओं को प्रकट करना सीखें, साथ-ही-साथ व्यावहारिकता के व्यापक अर्थ को भी अवश्य समझें। अर्थ और उसके मूल तत्त्व को ठीक से समझे बिना किसी को अपना लेना कोई महत्त्व नहीं रखता। ❑

क्या है प्यार और क्यों कहें–आई लव यू

आमतौर पर लोगों की धारणा है कि 'आई लव यू' प्रेमी द्वारा प्रेमिका से कहा जानेवाला वाक्य है। इन्हीं तीन शब्दों के माध्यम से प्रेमिका भी प्रेमी से अपने दिल की बात कहती है। किंतु मैं आपको बता दूँ कि यह सोच, यह धारणा सरासर गलत है।

'आई लव यू' का शाब्दिक अर्थ होता है–'मैं तुमसे प्यार करता/करती हूँ', और यह केवल प्रेमी-प्रेमिका के लिए नहीं होता, यह सबके लिए है। परिवार के सदस्यों, मित्रों तथा समाज–सभी के लिए है।

प्यार वह सुखद एहसास है जो केवल महसूस किया जा सकता है। प्यार की यह अनुभूति आकाश जैसी अनंत, पृथ्वी जैसी सहनशील होती है। इसमें सुगंधित फूलों जैसी कोमलता, पवन के मंथर झोंकों जैसी शीतलता और आत्मा के परमात्मा से मिलन जैसी गहराई होती है। प्यार के इसी एहसास को संबंध के हिसाब से अलग-अलग नाम दिए गए हैं–प्रेम, स्नेह, ममता, वात्सल्य आदि।

कहने का तात्पर्य यह है कि नाम कोई भी हो, रूप कैसा भी हो, व्यवहार कैसा भी हो, सबका मूल प्रेम है।

प्रेमी-प्रेमिका को ही एक-दूसरे से 'प्यार' नहीं होता, बेटे को माता-पिता से, बहन को भाई से, दोस्त को दोस्त से भी प्यार होता है। रिश्ता चाहे कोई भी हो, उसकी शुरुआत प्यार से ही होती है। इसीलिए जहाँ प्यार होता है, वहाँ अपनापन होता है, विश्वास होता है, सुकून होता है, एक-दूसरे के प्रति समर्पण-भाव होता है। जहाँ प्यार है वहाँ सबकुछ है। जहाँ प्यार नहीं, वहाँ कुछ भी नहीं। इसलिए सबका प्यार पाना सीखें, सबको प्यार करना सीखें और मन से सभी को प्यार देना सीखें। इसी भाव को दूसरे के सामने प्रदर्शित करने का सबसे आसान तरीका है—आई लव यू।

निस्स्वार्थ भाव, साफ मन, समर्पण, विश्वास, करुणा और अपनत्व के साथ किसी से कहकर तो देखिए—आई लव यू।

ऐसी प्रचंड शक्ति है—'प्रेम' यानी इस छोटे से शब्द में कि पल भर में आप उसके हो जाएँगे और वह उम्र भर के लिए आपका हो जाएगा।

धर्मग्रंथों का अध्ययन करने से स्पष्ट मालूम होता है कि मात्र मानव ही नहीं, परमपिता परमेश्वर भी प्रेम का आकांक्षी है। अनेक पौराणिक कथाएँ साक्षी हैं कि भक्तों पर अचानक आए संकट को देखकर भगवान् भी तड़प उठते हैं और किसी-न-किसी रूप में धरती पर आकर अपने भक्त की सहायता करते हैं, उसका संकट हरते हैं।

यह क्या है?

यह भक्त का भगवान् के प्रति और भगवान् का भक्त के प्रति प्रेम ही तो है। लोक से आवाज जाती है—'आई लव यू गॉड

(भगवान् मैं तुमसे प्यार करता हूँ)' तो परलोक से उसकी अनुगूँज सुनाई देती है–'आई लव यू टु माइ चाइल्ड' यानी–'मेरे बच्चे, मैं भी तुमसे प्यार करता हूँ।'

वैष्णव मत का आधार 'आई लव यू' है, तो इसलाम धर्म का सूफी मत भी इसी 'आई लव यू' की गौरवशाली परंपरा का परचम फहराता है। कृष्ण-भक्ति हो या सूफी संप्रदाय, भक्त-भगवान् और पीर-मुर्शीद के रिश्ते की बुनियाद 'आई लव यू' के ठोस धरातल पर ही टिकी है। सूफियों का 'इश्क-ए-हकीकी' हो या 'इश्क-ए-मज़ाज़ी', इनका भी मूल आधार 'आई लव यू' ही है।

ब्रह्मा ने सृष्टि की रचना बाद में की, प्रेम की परिकल्पना पहले की, प्यार का जज्बा पहले बनाया, प्रेम की भावना का शृंगार पहले किया। ईश्वर ने ही मनुष्य को मनुष्य से, जानवरों से, दरिंदों-परिंदों से, पेड़-पौधों से, जंगलों से, नदियों-झरनों से, पूरी कायनात से प्यार करना सिखाया; अन्य जीव-जंतुओं, प्राणियों के मन में भी उसने इसी भाव का संचार किया।

कहने का तात्पर्य यह है कि प्रेम चाहे कैसा भी हो, चाहे किसी से भी हो, दूसरों के साथ आपको एक मजबूत डोर से बाँधता है। प्रेम के आँगन में ही देवी-देवताओं का वास होता है। लक्ष्मी भी वहाँ बसती हैं, जहाँ प्रेम की गंगा बहती है। प्रेम केवल इनसानों के दिल पर राज करने का साधन नहीं, बल्कि ईश्वर को पाने का सशक्त माध्यम भी है। अतः यदि आपको सबके दिलों पर अपनी विजय-पताका फहरानी है तो खुलकर बोलिए–आई लव यू।

मैं भी बोलूँ–आई लव यू।
आप भी बोलें–आई लव यू।
सब मिलकर बोलें–आई लव यू।

❑

व्यावहारिकता का अर्थ है–ऐसे कार्य करना, जो दूसरों के मन को जीत लें; अपनी वाणी से ऐसे शब्द बोलना, जो सुननेवाले को सुखद लगें; इस प्रकार से सहयोग करना, जो दूसरे को अपनत्व का अहसास कराए; सामनेवाले को ऐसा अहसास कराना कि वह आपके पक्ष में खड़ा हो सके और हमेशा आपके पक्ष में खड़ा रहे।

–सूर्या सिन्हा

कहना सीखें–आई लव यू

मित्रो, सफलता में व्यावहारिकता के महत्त्व की बात करने से पहले हमें यह समझना होगा कि वास्तव में व्यावहारिकता क्या है?

आमतौर पर जहाँ तक मैंने देखा और समझा है, लोग समझते हैं कि औपचारिकताएँ निभाना व्यावहारिकता है, किंतु यह सोच और ऐसी समझ बिलकुल गलत है। व्यावहारिकता का अर्थ है–दूसरों के मन को जीतनेवाले काम करना, दूसरों को सुखद लगनेवाले बोल बोलना, दूसरों को अपनत्व का, सहयोग का अहसास कराना। सामनेवाले को अपने पक्ष में खड़ा करना और हमेशा अपने पक्ष में खड़ा किए रखना।

आजकल लोग मित्रों, संबंधियों और परिचितों के साथ ही औपचारिकताएँ निभाते दिखाई देते हैं। अधिकांशतः पति–पत्नी, पिता–पुत्र, पिता–पुत्री, माता–पुत्र, भाई–भाई, भाई–बहन या माँ–बेटी के बीच अब प्यार, स्नेह, ममता कम और औपचारिकताएँ अधिक दिखाई देने लगी हैं। घरों से चलकर यह औपचारिकता समाज में पहुँच गई है और समाज से देश में। चारों ओर औपचारिकता का बोलबाला है। दुःख का विषय है कि लोग इस औपचारिकता का मुखौटा लगाकर जी रहे हैं। दूर के रिश्तों अथवा अल्प परिचितों में औपचारिकता दिखाई देना तो किसी हद तक समझ में आता है, लेकिन खून के रिश्तों में भी औपचारिकता का होना एक

दु:खद पहलू है।

यहाँ मैं यह भी स्पष्ट कर देना चाहता हूँ कि ऐसा नहीं है कि आज आपसी रिश्तों में वह प्यार नहीं रहा, जो भारत की विशिष्टता, गौरवशाली परंपरा और खास पहचान रही है; लेकिन उस प्यार को व्यक्त करनेवाली, उस प्यार का प्रदर्शन करनेवाली, उस प्यार को खुलकर व्यक्त करनेवाली वाणी हम लगभग खो चुके हैं। हम खुलकर प्रकटीकरण नहीं करते अपने अपनत्व का, अपने प्यार का।

आज कोई दशरथ राम के लिए विलाप करता नहीं दिखाई देता, कोई कौशल्या पुत्र-वियोग में यह नहीं कहती कि तुम्हारे बिना जीवन की यह संध्या हम कैसे काटेंगे। आज कोई लक्ष्मण (छोटा भाई) किसी राम (बड़े भाई) से यह नहीं कहता, 'भैया, आपके बिना जीवन व्यर्थ है। आपकी सेवा ही मेरा धर्म है।' आज कोई भरत यह नहीं कहता, 'भैया, मैं सदैव आपकी चरण-पादुकाओं का सेवक बनकर अयोध्या (घर) का राज-कार्य (जिम्मेदारी) सँभालूँगा।'

क्यों?

शत-प्रतिशत क्यों सुनाई नहीं देते आज ऐसे वाक्य?

इसलिए कि आज हमारे भीतर अपनी भावनाओं को खुलकर व्यक्त करने की शक्ति लगभग समाप्त हो गई है।

हम अपनों से आज भी बेहद प्यार करते हैं; लेकिन न जाने क्यों, खुलकर कह नहीं पाते–'आई लव यू।'

पिता अपनी संतान के हित के लिए पूरा जीवन प्रयासरत रहता है, लेकिन जीवन के अंतिम क्षण तक खुलकर अपनी

भावना का इजहार नहीं कर पाता। वह कभी इस प्रकार की भावना शब्दों में व्यक्त नहीं कर पाता, 'माई सन, आई लव यू वेरी मच (मेरे बेटे, मैं तुमसे बहुत प्यार करता हूँ।)।' न ही प्रायः कोई पुत्र अपने पिता, माँ अथवा भाई-बहन के समक्ष अपनी भावनाओं को खुलकर व्यक्त कर पाता है।

मैंने ऐसे बहुत से घरों में देखा है, जहाँ सभी के बीच में न दिखाई देनेवाला एक परदा सा खिंचा होता है। कुछ परिवारों में तो बड़ी अजीब सी और चुभनेवाली खामोशी पसरी रहती है।

यहाँ मैं एक बात और स्पष्ट कर दूँ कि इस प्रकार के अधिकांश परिवारों में ऐसा नहीं है कि वे एक-दूसरे से प्यार नहीं करते, जरूर करते हैं, पर उनके मन में एक-दूसरे के प्रति तड़प नहीं होती। एक-दूसरे से प्यार करने के बावजूद वे न जाने क्यों किसी के सामने प्यार का खुलकर इजहार नहीं कर पाते। जीवन भर वे केवल औपचारिकता निभाते हैं। इसका दुष्परिणाम यह होता है कि खून के रिश्ते भी बेमानी और केवल नाम के रह जाते हैं।

बहरहाल, यह एक ज्वलंत और विचारणीय प्रश्न है कि जिसे हम अपना मानते हैं, उसके सामने खुलकर स्वीकार क्यों नहीं कर पाते कि मैं तुमसे अथाह प्यार करता हूँ।

आमतौर पर लोग अपने जवान हो रहे बेटे की जरूरतों के लिए खासे चिंतित रहते हैं, उसकी जरूरतों का भरपूर खयाल रखते हैं। जरूरत महसूस होते ही आनन-फानन में रुपए का बंदोबस्त करके उसके लिए मोटरबाइक तक खरीद देते हैं। इस खास अवसर पर भी अधिकतर लोग अपने मन की मूल भावना

को छिपाकर बाइक खरीदने के जो कारण प्रत्यक्ष में उजागर करते हैं, वह कुछ इस प्रकार होता है, 'इसे कॉलेज जाने में परेशानी होती है, साथ ही पैसे और समय की बरबादी भी होती है, इसलिए इसे बाइक खरीद दी।'

देखिए, इस संदर्भ में कितना रूखा और नीरस सा कारण व्यक्त किया गया, जबकि बाइक खरीदने के पीछे पुत्र के लिए पिता के मन में जो भावना थी, वह यह थी, 'बेटे, मैं तुमसे प्यार करता हूँ और मैं नहीं चाहता कि तुम बस में धक्के खाते हुए कॉलेज जाओ-आओ। यह बाइक मैंने तुम्हारे लिए इसलिए खरीदी है, ताकि तुम समय पर घर आ सको और भोजन हम सब साथ बैठकर कर सकें।'

बाइक खरीदने के पीछे मूल भावना यह थी, किंतु प्यार का इजहार करने की शक्ति के अभाव में परेशानी, किराए और समय की बचत की बात कहकर प्यार की मूल भावना और उसकी आत्मा का गला घोंट दिया गया। इसी कारण बेटे पर भी इसका कोई खास प्रभाव नहीं पड़ा। उसने भी औपचारिकतावश 'थैंक यू पापा' कहकर भेंट स्वीकार कर ली और किस्सा खत्म। जैसे तुम हमें चाहो वैसे हम तुम्हें चाहें।

जरा सोचिए, यदि मोटरबाइक खरीदने के पीछे पिता के मन में प्यार की जो मूल भावना थी, यदि बेटे के सामने स्पष्ट शब्दों में उसका इजहार किया गया होता तो उसे कितना अच्छा लगता। वह भावुक हो जाता और खुशी के मारे उसकी आँखें छलक जातीं। वह पिता के सीने से लग जाता और तब घर के माहौल में प्यार की जो तरंग उठती, उससे सभी को असीम

प्रसन्नता होती। पूरे परिवार में अपनेपन और प्यार की एक सुखद लहर दौड़ जाती। प्यार का यह संदेश घर से निकलकर पहले पड़ोस और फिर मुहल्ले में जाता; मगर संकोच के चलते ऐसा कुछ भी नहीं हुआ। पिता-पुत्र दोनों की भावनाएँ औपचारिकता की चादर में मुँह छुपाकर सो गई।

जहाँ तक मैं समझता हूँ, कुछ लोग इस प्रकार के प्रेम-प्रदर्शन को असभ्यता समझते हैं, जो नितांत गलत है।

कितने अफसोस की बात है कि जहाँ आदमी अपनी पत्नी के लिए जान तक न्योछावर करने को तत्पर रहता है, वहीं वह खुलकर अपनी इसी सोच और प्यार का इजहार नहीं कर पाता। फलस्वरूप पत्नी भी जीवन भर नहीं समझ पाती कि पति उसे कितना प्यार करता है। जीवन भर वह उसे इस रूप में देखती है कि पति की जिम्मेदारी मेरी आवश्यकताओं को पूरा करना है और बदले में मुझे उसका वंश चलाने के लिए उसे संतान-सुख देना है। यह सीधा-सीधा व्यापारिक रिश्ता हो जाता है। इसमें कहीं भी आत्मीयता दिखाई नहीं देती।

कुछ पति-पत्नी तो जीवन भर साथ रहने के बावजूद आपस में एक-दूसरे से दिल से जुड़ नहीं पाते। कई बार ऐसा भी होता है कि बुरा वक्त आने पर पत्नी लोक-लाज के कारण एक हद तक तो पति के साथ रहती है, पर उसके बाद सामान समेटकर मायके चली जाती है। वहाँ जाकर वह आरोप लगाती है कि उसके आदमी का व्यवहार ठीक नहीं है। उसके साथ उसका जीवन काटना मुश्किल है। यह सब होता इसलिए है कि लोग खुलकर अपने प्यार का इजहार नहीं करते हैं।

हम किसी रिश्तेदार की मदद करते हैं तो उसमें भी औपचारिकता का प्रदर्शन करते हैं और उसे यह अहसास कराने में बिलकुल असफल रहते हैं कि 'यह मदद मैं किसी विवशता के चलते या दुनिया को दिखाने के लिए नहीं कर रहा हूँ, बल्कि इसलिए कर रहा हूँ कि मैं तुमसे प्यार करता हूँ और चाहता हूँ कि तुम कभी किसी मुश्किल में न पड़ो।'

हम बेटी के लिए चिंतित रहते हैं। उसकी शिक्षा-दीक्षा पर पूरा ध्यान देते हैं और कोशिश करते हैं कि उसे शिक्षित और योग्य बनाकर किसी अच्छे घर में उसकी शादी करें और वह सुखी रहे। क्या यह सब पारंपरिक दायित्व मात्र है? क्या ऐसा करना हमारी मजबूरी है? नहीं, यह हमारा कर्तव्य तो है ही, लेकिन वास्तविकता यह है कि इस भावना के मूल में हमारा प्यार होता है; पर हम कभी इसका खुलकर इजहार नहीं करते। हम एक रुटीन वर्क की तरह अपने कर्तव्य निभाते रहते हैं और कभी खुलकर नहीं कह पाते, 'बेटी, मैं तुमसे बहुत प्यार करता हूँ। इसीलिए तुम्हारे लिए चिंतित रहता हूँ।'

इससे होता यह है कि हम अपने परिवार के साथ जुड़े तो दिखाई देते हैं, लेकिन मन से नहीं जुड़े होते। सबसे अधिक कंजूसी हम पत्नी से प्यार का इजहार करने में करते हैं। उसके सामने हम किसी अन्य महिला की प्रशंसा के पुल तो बाँध देंगे, लेकिन कुछ शब्द कभी उसकी प्रशंसा में नहीं कहते। प्यार के दो मीठे बोल सुनने को पत्नी के कान तरस जाते हैं, लेकिन हम कभी यह नहीं कह पाते–'प्रिये, तुम मेरा कितना खयाल रखती हो! तुम बहुत ही अच्छी और गुणवान हो। मैं तुमसे प्यार करता

हूँ और मानता हूँ कि हमारा जनम-जनम का साथ है। जीवन की राह कितनी भी कठिन क्यों न हो, हम एक-दूसरे के कंधे से कंधा मिलाकर हमेशा साथ चलेंगे।'

हालाँकि औरतें इस मामले में काफी उदार होती हैं, समय-समय पर प्रत्यक्ष अथवा अप्रत्यक्ष रूप से वे पति और बच्चों के प्रति अपना प्यार प्रकट करती रहती हैं; लेकिन पुरुष इस मामले में सदा कंजूसी बरतते हैं। सभी से वे प्यार तो बहुत करते हैं, किंतु खुलकर कह नहीं पाते। यही वजह है कि न रूह को धड़कन मिल पाती है, न मुहब्बत को जुबाँ।

इसलिए दोस्तो, सबको अपना बनाना सीखो।

सबसे पहले स्वयं को,
अपने माता-पिता को,
पुत्र-पुत्री को,
मित्रों एवं संबंधियों को,
अपने व्यवसाय को,
अपने परिचितों एवं व्यावसायिक मित्रों को,
समाज को, देश को और दुनिया को।

यही एक गुण है, जो आपको बनाता है व्यवहार-कुशल, और व्यवहार- कुशलता ही ले जाती है अपार सफलता की ओर।

विश्वास कीजिए, सफलता आपसे दूर नहीं है। अपनी व्यावहारिक कुशलता की कमी के चलते आप स्वयं सफलता से दूर हैं।

मैंने ऐसे बहुत से लोगों को देखा है, जिन्हें अपने व्यवसाय से ही प्यार नहीं होता। कितनी अजीब बात है कि जिस व्यवसाय से आदमी अपनी तमाम जरूरतें पूरी करता है, उसी से उसे प्यार

नहीं होता और अकसर वह उसकी आलोचना करता रहता है।

व्यवसाय करनेवाला अकसर सोचता है, 'काश! मुझे भी कोई सरकारी या अच्छी सी गैर-सरकारी नौकरी मिली होती तो जिंदगी मजे में गुजरती। हर महीने एक निश्चित वेतन और ऊपर की कमाई अलग से।'

नौकरी करनेवाला सोचता है कि 'काश! उसका अपना व्यवसाय होता। भले ही एक छोटी सी दुकान होती तो भविष्य में तरक्की के अवसर भी होते। नौकरी में रखा ही क्या है—महीने में बँधी-बँधाई आमदनी।'

इस प्रकार की दकियानूसी सोचवालों की कमी नहीं है। इसी सोच का ही परिणाम है कि ऐसे लोग अपने-अपने क्षेत्र में तरक्की नहीं कर पाते। वे आज भी वहीं हैं जहाँ पाँच साल पहले थे। जिन्हें अपने पेशे से प्यार होता है, वे खुलकर कहते हैं—'आई लव माई जॉब', यानी कि मुझे अपने काम से प्यार है, मैं अपने काम से प्यार करता हूँ। जिन्हें अपने कार्य, अपने व्यवसाय से प्यार होता है, वे सबकी आँखों के सामने ही तरक्की के नए-नए मुकाम हासिल कर लेते हैं। जबकि अपने व्यवसाय या नौकरी से प्यार न करनेवाले उनकी तरक्की देखकर जीवन भर कुढ़ते रहते हैं और अपने मन को झूठी तसल्ली देने के लिए अकसर कहते हैं, 'वह भाग्य का धनी है, इसलिए तरक्की कर ली। ईश्वर ने हमारी तकदीर तो किसी मोटी कलम से लिखी है।'

मेरा मानना है कि वे सभी भाग्य के धनी हैं, जो अपने व्यवसाय से प्यार करते हैं और खुलकर कहते हैं, 'आई लव माई जॉब।'

इसलिए, आप भी अपने व्यवसाय से प्यार करना सीखें और मन से उसे अंजाम दें। ऐसा करके आप भी सफलता के नए लक्ष्य हासिल कर सकते हैं।

जीवन में यदि हमें सफल होना है तो व्यावहारिक होना और मानवता को समझना होगा।

दार्शनिकों ने मानव की परिभाषा कुछ इस प्रकार दी है–

प्राणित्व + विवेक = मनुष्य।

यहाँ यह सिद्ध हो जाता है कि प्राणित्व तो इस ब्रह्मांड के सभी जीवों में है, चाहे वह छोटा हो या बड़ा, हिंसक हो या अहिंसक, मांसाहारी हो या शाकाहारी, पशु हो या मानव। अलबत्ता जो अहम चीज मानव और पशु में भेद करती है, वह है–विवेक।

विवेक यानी सही या गलत क्या है, इसकी समझ।

सही-गलत, उचित-अनुचित का भेद कर पाने की यही क्षमता मानव को अन्य जीवों से अलग करती है।

केवल मानव ही संबंधों के विषय में सोच सकता है, विश्लेषण कर सकता है, आकलन कर सकता है, तार्किक निर्णय कर सकता है। वह जानता है कि यह माँ है, यह बहन है, यह भाई है, यह दोस्त है, यह बेटा है, यह बेटी है, यह बाप है। वह जानता है कि व्यक्ति से समूह बना है और समूह से समाज, समाज से देश और देश से विश्व। विश्व की सामाजिक स्थिति को वह जानता है। समाज और विश्व में अपनी भूमिका, अपने योगदान का निर्धारण कैसे करना चाहिए, इसे वह बखूबी जानता है।

पशु जहाँ पेट की भूख तक ही सीमित है, वहीं मानव ने

अपने आपको इतना ऊँचा उठा लिया है कि वह आज कई विषयों में ईश्वर की शक्ति और उसकी सत्ता को चुनौती देने का दुःसाहस करता दिखाई देता है।

हिंसक-से-हिंसक पशुओं को भी, जिनके साथ मानव ने अपना सफर शुरू किया, उन्हें पूरी तरह से अपने वश में किया हुआ है और इस सबके पीछे है उसका मस्तिष्क, जो सोच सकता है, विश्लेषण कर सकता है और सही निर्णय ले सकता है। यहाँ तक कि हिंसक और जंगली पशुओं को भी अपनी इच्छा से जैसे चाहे, नचा सकता है।

जानते हैं क्यों?

क्योंकि उसने व्यवहार करना सीख लिया है। आज वह व्यवहार-कुशल हो चुका है। उसने जान लिया है कि यदि उसको लोगों में अपने प्रति रुचि जगानी है तो उसे भी दूसरों में रुचि दिखानी होगी। अपने सद्व्यवहार से उनका दिल जीतना होगा और उन्हें पूरा सम्मान देना होगा। वह समझ गया है कि यदि उसे अपने इरादों में सफल होना है तो उसे दूसरों की आवश्यकता पड़ेगी और दूसरे तभी उसका साथ देंगे, जब वह उन्हें उचित सम्मान देगा।

लोक-व्यवहार में आप जितने कुशल और निपुण होंगे, अपने लक्ष्यों के प्रति सजगता और सहजता से उतना ही आगे बढ़ते चले जाएँगे। लोग आपका सम्मान करेंगे, आपके महत्त्व को समझेंगे। यदि आप लोक-व्यवहार में अयोग्य होंगे तो आपको समाज की मुख्यधारा से कटते और अलग-थलग पड़ते देर नहीं लगेगी। आप समाज को नहीं अपना सके तो समाज भी आपको

बिलकुल नहीं अपनाएगा।

यहाँ मैं एक बात स्पष्ट कर दूँ कि मात्र 'आई लव यू' कहने से आपका श्रम पूरा नहीं हो जाता। किसी से मिले, वह अच्छा लगा, उसका आचार-व्यवहार अच्छा लगा तो झट से कह दिया–'आई लव यू।' बस, वह आपका हो गया और आप उसके हो गए।

ऐसा बिलकुल नहीं है।

हर बार हर किसी से 'आई लव यू' कह देना ही पर्याप्त नहीं होता। अधिकांशतः यह जज्बा समझने और महसूस करने के लिए होता है। आप जिस-जिस से मिलेंगे, उस-उस से कहेंगे, 'आई लव यू', तो निश्चित जानिए, आप उपहास के पात्र बन सकते हैं।

इसलिए दूसरों को अपने अच्छे कर्मों, समर्पण-भाव एवं प्रेम से अहसास कराइए कि आप पूरी ईमानदारी तथा आत्मा की गहराई से उसे पसंद करते हैं। आपके मन में उसके लिए अथाह प्यार है।

विश्वास मानिए, प्यार प्यार को जन्म देता है।

देखिएगा, वह भी आपको दिल की गहराई से पसंद करने लगेगा, प्यार करने लगेगा। लेकिन शर्त यह है कि दूसरों के दिल में अपनी स्थायी जगह बनाने और उस पर राज करने के लिए आपको लोक-व्यवहार की कला में दक्ष होना होगा। इस प्रकार लोक-व्यवहार में दक्ष होकर आप अपने मुँह से कुछ कहे बिना ही दूसरों के दिलों में जगह बनाने में सफल हो जाएँगे।

❑

सादर सप्रेम

लोक-व्यवहार दो शब्दों से मिलकर बना है–लोक + व्यवहार। लोक का अर्थ है–लोग, अर्थात् मनुष्य और व्यवहार का अर्थ है–एक व्यक्ति की दूसरे व्यक्ति के प्रति प्रकट की गई आंतरिक एवं बाह्य संवेदना।

–सूर्या सिन्हा

आखिर क्या है यह लोक-व्यवहार

लोक-व्यवहार दो शब्दों से मिलकर बना है-लोक और व्यवहार।

लोक का अर्थ है-लोग, जन-यानी इस संसार के मनुष्य, और व्यवहार तो आप जानते ही हैं-एक-दूसरे के प्रति आपकी अंत:क्रिया ही व्यवहार कहलाती है। अर्थात् लोगों के मध्य में एक-दूसरे के प्रति होनेवाली अंत:क्रिया यानी इंटरेक्शन को हम लोक-व्यवहार कहेंगे।

लोक-व्यवहार की सफलता इस बात पर निर्भर करती है कि दूसरों के प्रति आपके व्यवहार में कितनी ईमानदारी, कितनी चिंता और कितनी सच्चाई है। दरअसल, दूसरों के प्रति आप जितने चिंतित, सच्चे और ईमानदार रहेंगे दूसरे भी आपके प्रति उतने ही ईमानदार होंगे। ध्यान रखें, क्रिया ही प्रतिक्रिया की जन्मदात्री है।

यदि आप दूसरों के हितों के प्रति उदासीन, ईर्ष्यालु और लापरवाह होंगे तो यह तय है कि बदले में आपको भी दूसरों से यही सब मिलेगा। दूसरे भी आपके प्रति उदासीन, ईर्ष्यालु और लापरवाह बने रहेंगे। इसलिए जरूरी है कि आप लोक-व्यवहार में कुशल और दूसरों के हितों के प्रति उदार बनें। इससे आपको जीवन में सफलता तो मिलेगी ही, सम्मान भी प्राप्त होगा और इन

उपलब्धियों को पाने से आपको दुनिया में कोई रोक नहीं सकेगा। जिस दिशा में आपका कदम उठेगा, सफलता और सम्मान स्वयं आगे बढ़कर आपकी अगवानी करेंगे।

❑

लोक-व्यवहार का उचित प्रयोग सबसे ज्यादा व्यापार या व्यवसाय में होता है, क्योंकि व्यापार में एक-दूसरे के साथ हमेशा लेन-देन चलता रहता है। यदि ऐसा न हो तो कोई भी व्यवसाय सफल नहीं हो सकता।

–सूर्या सिन्हा

लोक-व्यवहार में दक्ष कैसे हों

आज प्रश्न यह उठता है कि लोक-व्यवहार में दक्ष कैसे हुआ जाए? क्योंकि आदिकाल से ही, जैसे-जैसे मानव-सभ्यता का विकास हुआ और मानव ने समाज की रचना कर एक-दूसरे के साथ रहना शुरू किया, वैसे-वैसे ही ईर्ष्या, द्वेष, वैर, कुंठा जैसी बुराइयों ने उसे घेरना आरंभ कर दिया। यह विकास-क्रम की स्वाभाविक प्रतिक्रिया थी।

मानव एक-दूसरे के जितना करीब हुआ, उसी अनुपात में उसके मन के भीतरी हिस्सों में कहीं एक दूरी ने भी अपनी पैठ बना ली। यह एक समकालिक और समानांतर प्रक्रिया है। इसमें अजीब या अस्वाभाविक कुछ भी नहीं है। मनुष्य के पास यदि सोचने-समझने की शक्ति है तो अच्छे-बुरे, सभी तरह के विचार स्वतः उसके मन को घेरेंगे। मनुष्य के पास पशु-पक्षियों से अलग एक सर्वाधिक विशेष गुण है—विवेक। इस विवेक के द्वारा ही मनुष्य सही-गलत में अंतर करने की अतिरिक्त क्षमता रखता है।

ईश्वर ने मनुष्यों को यह एक बहुत बड़ी विशेषता दी है, हमें इसका खुलकर प्रयोग करना चाहिए और हम ऐसा कर सकते हैं। शर्त यही है कि हम ईमानदारी से विश्लेषण करना और निष्कर्षों को सहजता से स्वीकार करना सीखें।

लोक-व्यवहार में दक्ष कैसे हों, यह प्रश्न अत्यधिक महत्त्वपूर्ण

है। आइए, इसके कुछ पहलुओं पर विचार करें–

लोक–व्यवहार के बिंदुओं की गहराई में जाने से पहले हमें यह स्वीकारना होगा कि आज का युग व्यवसाय-व्यापार का युग है। हर आदमी जीवन में सफलता पाना चाहता है, धन कमाना चाहता है। बड़े-बड़े बिजनेस आज राष्ट्रों की सीमाएँ लाँघकर अंतरराष्ट्रीय स्तर पर पनप रहे हैं। उन सभी का उद्‌देश्य धन और सफलता प्राप्त करना है। सच बात कहूँ, यह सब व्यावहारिकता के बिना संभव नहीं है। किसी भी व्यापार या व्यवसाय में आपको एक–दूसरे का साथ लेना पड़ता है। अगर विनिमय नहीं है, लेन–देन नहीं है तो व्यवसाय में सफलता की कल्पना बिलकुल भी नहीं की जा सकती।

व्यावहारिकता के जिन विषयों पर हम यहाँ विचार करेंगे, उन्हें यदि जीवन में उतारा जाए तो किसी भी संबंध अथवा व्यवसाय में सफलता प्राप्त करना बहुत ही आसान हो जाएगा। यह मैं इसलिए दावे के साथ कह सकता हूँ, क्योंकि इस पुस्तक में मैंने उन सभी बिंदुओं को प्रमुखता से लिखने का प्रयास किया है, जिन्हें मैं अपने व्यक्तिगत जीवन में परख चुका हूँ। मैं ऐसे बहुत से लोगों से साक्षात्कार भी कर चुका हूँ, जिन्होंने इन बिंदुओं को अपने जीवन में अपनाकर सफलता की बुलंदियों को छुआ है। अगर आप भी अपने जीवन में कुछ अच्छा तथा उल्लेखनीय करना चाहते हैं, सफलता चाहते हैं और कोई बड़ा लक्ष्य प्राप्त करना चाहते हैं तो इन बिंदुओं को अपने जीवन में अवश्य उतारें। कुछ समय पश्चात् आप स्वयं देखेंगे कि आप हर क्षेत्र में सफलता की सीढ़ियाँ चढ़ते ही चले जा रहे हैं।

❑

अपने प्रति ईमानदार रहें

लोक-व्यवहार में दक्षता पाने की सबसे पहली जो शर्त है, वह है–अपने प्रति ईमानदारी।

यदि कोई व्यक्ति आपसे आकर कहता है कि आपने अमुक कार्य मन लगाकर नहीं किया अथवा आपके द्वारा किए गए अमुक कार्य से किसी दूसरे को भारी नुकसान पहुँचा है, तो सबसे पहली आपकी स्वाभाविक प्रतिक्रिया होगी स्वयं को बचाने की और इस बात को आप अपनी प्रतिष्ठा से जोड़ लेंगे। भले ही इसके लिए आपको झूठ और बेईमानी का सहारा लेना पड़े। छोड़िए इस झूठ और बेईमानी को, क्योंकि ऐसा करना बिलकुल गलत है।

यदि आप अपने मन में विश्लेषण करने का साहस जुटा सकें और स्वयं से प्रश्न कर सकें कि क्या वास्तव में आपने कुछ गलत किया है, तो निश्चित रूप से आपको इसका सही उत्तर मिलेगा, क्योंकि यही जीवन का वास्तविक पहलू है।

अब प्रश्न यह उठता है कि आप उस उत्तर को स्वीकार कर पाते हैं या नहीं? आप में इतना साहस है या नहीं कि आप अपनी इस कमी को स्वीकार कर सकें?

अगर ईमानदारी से आत्म-विश्लेषण कर सकें तो आप पाएँगे कि वास्तव में आपने उस कार्य में मन नहीं लगाया और इस वजह से दूसरे का नुकसान हुआ। दूसरे के नुकसान का

मतलब है—आपका अपना नुकसान। चूँकि आपके ही कारण दूसरे का नुकसान हुआ, इसलिए उसके संभावित लाभ में से आपकी हिस्सेदारी खत्म हो गई।

बहरहाल, जब आप ईमानदारी से सत्य को स्वीकार कर लेंगे, तब पाएँगे कि आपका मन काफी हलका हो गया है। उसके बाद जब आप उस व्यक्ति के सामने इस सत्य को स्वीकार करेंगे तो आपके अंदर का अपराध-बोध भी खत्म होगा और आप आगे किए जानेवाले कार्यों पर विशेष ध्यान देंगे, सावधानी बरतेंगे। जिस कार्य को भी करेंगे, मन लगाकर करने की चेष्टा करेंगे। उसके बाद जब वही व्यक्ति आपकी प्रशंसा करेगा तो जरा सोचिए, आपको कैसा लगेगा?

विश्वास मानिए, आपको बहुत सुखद अहसास होगा, बहुत अच्छा लगेगा।

दरअसल, लोक-व्यवहार की सबसे पहली शर्त यही है कि आप पहले अपने प्रति ईमानदार हों। आप अपने दुर्गुणों को, अपनी कमियों को और अपनी बुराइयों को स्वीकार करने का साहस दिखाएँ।

जितना आप अपनी कमियों, त्रुटियों और बुराइयों के विषय में जानेंगे उतनी ही आपकी विशेषताएँ, आपकी अच्छाई, आपके सद्गुण और आपके व्यक्तित्व के सकारात्मक पक्ष उभरकर सामने आएँगे। यह एक रचनात्मक प्रक्रिया है, कुछ मिटाकर कुछ बनने की, और अगर मिटाना ही है किसी को तो फिर नकारात्मकता को ही क्यों न मिटाया जाए।

नकारात्मक सोच या नकारात्मकता को मिटाने का सबसे

कारगर उपाय है—प्यार। अपने दिल में मानवता के लिए, प्रवृत्ति-प्रकृति के लिए इतना प्यार भर लें कि अवगुणों के लिए स्थान ही शेष न रहे। जहाँ प्रेम होता है वहाँ सद्गुण होते हैं, करुणा होती है, स्नेह होता है। स्वीकारनेवाली हर वस्तु, हर भावना को स्वीकारें, नकारनेवाली हर भावना को बेहिचक नकार दें।

स्वाभाविक बात है कि जब हम किसी चीज को नकारते हैं तो उसके विपरीत जो चीज है, उसे स्वीकार करते हैं। इसी प्रकार जब हम यहाँ किसी बुराई को, नकारात्मकता को या अंधकार को मिटाने की बात कर रहे हैं, तो स्वाभाविक रूप से भलाई, सकारात्मकता और प्रकाश को पनपने का पर्याप्त अवसर मिलेगा।

अगर हम भलाई को मिटाएँगे और सकारात्मकता से मुँह मोड़ेंगे तो स्पष्ट है कि बुराई और नकारात्मकता का सिर ऊँचा होगा। इसलिए ध्यान रखिए—दोष औरों में मत ढूँढ़िए, बल्कि स्वयं के दोष खोजिए और उन्हें दूर करने का प्रयास कीजिए। जो व्यक्ति दूसरों में दोष ढूँढ़ता रहता है, वह खुद अपने दोष नहीं ढूँढ़ पाता और न ही उनसे छुटकारा पा सकता है।

अब निर्णय हमें करना है कि किसे मिटाकर किसे पनपने का मौका देना है।

निस्संदेह आप मेरे विचारों से सहमत होंगे कि हमें बुराई एवं नकारात्मकता को मिटाना है और भलाई एवं सकारात्मकता को स्वीकार करना है। ऐसा करके ही हम अपने प्रति ईमानदार बने रह सकेंगे।

याद रखें–

- ईमानदारी सर्वोत्तम नीति है।
- मनुष्य की प्रतिष्ठा ईमानदारी पर ही निर्भर है।
- जो मनुष्य स्वाभिमानी होगा, वह अवश्य ही ईमानदार होगा।
- ईमानदार व्यक्ति सदा आत्मविश्वास से भरा होता है और अपने मुख से स्वयं के ईमानदार होने की डींगें नहीं मारता।
- ऐसे ईमानदार बनें कि दुनिया में आपकी ईमानदारी की मिसाल दी जाए।
- बेईमान व्यक्ति की आत्मा उसे हमेशा कचोटती रहती है।
- जिसने अपनी ईमानदारी को खो दिया, उसके पास खोने के लिए और कुछ शेष रहता ही नहीं।
- ईमानदारी से प्यार बाँटें, ईमानदारी से प्यार लें, यही लोगों को अपना बनाने का मूल सिद्धांत है।

❑

हमें चाहिए कि हम जहाँ भी जाएँ, वहाँ पर इस प्रकार व्यवहार करें कि लोग हमें हमेशा याद रखें।

–सूर्या सिन्हा

सच्चाई की राह चलें

यदि आप हमेशा झूठ बोलते हैं, बात-बात में झूठ बोलते हैं और सामनेवाला आपको कुछ भी नहीं कहता तो इससे आप यह समझने लगते हैं कि आपने उसे बेवकूफ बना दिया है; मगर वास्तव में ऐसा नहीं होता। यदि सामनेवाला समझ गया है कि आपने झूठ बोला है, फिर भी वह चुप रहता है तो इसका मतलब यह हुआ कि चुप रहकर वह स्वयं बेवकूफ नहीं बना है, बल्कि चुप रहकर उसने आपको बेवकूफ बना दिया है। दरअसल, उसने अपने चेहरे के हाव-भाव से आपको प्रकट नहीं होने दिया कि उसने आपका झूठ पकड़ लिया है, मगर आप उसकी नजरों में गिर चुके हैं।

यह आपका एक बहुत बड़ा नुकसान है, जिसकी किसी भी रूप में भरपाई नहीं हो सकती।

झूठा और बेईमान व्यक्ति यदि समझता है कि झूठ बोलकर वह जीवन में सफलता प्राप्त कर लेगा, तो यह उसकी बहुत बड़ी भूल है। झूठ और बेईमानी के बल पर या दूसरों को धोखे में रखकर कुछ लोग छोटी-मोटी उपलब्धियाँ जरूर हासिल कर लेते हैं, लेकिन हम उन्हें सफल नहीं कह सकते। दरअसल, ऐसे लोग स्वयं को ही धोखा दे रहे होते हैं, झूठ बोलकर स्वयं को ही छल रहे होते हैं। यह बात उन्हें शीघ्र ही तब पता चलती है, जब उनके द्वारा बनाया गया रेत का महल भरभराकर गिर जाता है।

मैंने अपने व्यक्तिगत अनुभव से पाया है कि जीवन में सच्चाई और ईमानदारी का अपना एक अलग तथा विशेष मूल्य होता है।

व्यापार हो या फिर जीवन का कोई दूसरा पहलू, आपके व्यवहार में सबसे पहले आपकी ईमानदारी और सच्चाई देखी जाती है।

इतिहास गवाह है कि जीत सदा सत्य की ही हुई है। इसीलिए कहते हैं–सत्यमेव जयते। संसार में सच्चे और ईमानदार व्यक्तियों की हमेशा सराहना हुई है और सदा ही इनकी माँग बनी रही है।

माना कि कुछ लोग बेईमानी और चालाकी से सफल हो जाते हैं या सफल हुए दिखाई देते हैं, लेकिन उनकी सफलता ज्यादा दिनों तक स्थायी नहीं रहती। शीघ्र ही उनके कपट–व्यवहार की पोल खुल जाती है और उसी क्षण से उनकी बरबादी की उलटी गिनती शुरू हो जाती है।

कई बार ऐसे कपटी, झूठे, बेईमान लोग अपने जीवन भर की जमा–पूँजी भी गँवा बैठते हैं, क्योंकि उन्हें बार–बार सच का सामना करना पड़ता है, जिससे उन्हें शर्मिंदगी उठानी पड़ती है। दरअसल, सच वह चमकता हुआ सूरज है, जिसकी तेज रोशनी में छल–कपट, फरेब–झूठ आदि झुलसकर दम तोड़ देते हैं। दूसरी ओर, सच हमेशा बना रहता है। सत्य व ईमानदारी वह जज्बा है, जिसकी हर कोई कद्र करता है। और तो और, झूठा व्यक्ति भी सच्चा साथी चाहता है और बेईमान व्यक्ति हमेशा ईमानदार सहयोगी की इच्छा रखता है। शायद इसीलिए कहा जाता है कि

झूठ के पाँव नहीं होते और बेईमानी की उम्र बहुत कम होती है।

आपने अपने आस-पास कई बार लोगों को कहते सुना होगा–

'बेईमान आदमी है, ज्यादा दिनों तक टिक नहीं पाएगा।'

'वह सफल नहीं हो सकता, क्योंकि वह लेन-देन में ईमानदार नहीं है।'

एक बात हमेशा याद रखें–जो व्यक्ति सच्चा और ईमानदार नहीं होता, उसमें आत्मविश्वास भी नहीं होता। सच्ची बात तो यह है कि झूठे, मक्कार और बेईमान लोगों में आत्मविश्वास होता ही नहीं।

वहीं सच्चे और ईमानदार व्यक्ति हमेशा आत्मविश्वास से भरे होते हैं। उनमें आत्मविश्वास कूट-कूटकर भरा होता है। इसी कारण लोग उनके स्वभाव, सच्चाई और ईमानदारी से प्रभावित होकर उनकी ओर खिंचे चले आते हैं। ऐसे लोगों के चेहरे पर आत्मविश्वास झलकता है। उन्हें देखने से ही लगता है कि उनमें अलग से कुछ नया करने का साहस है और यही कारण है कि हर कोई उनसे प्यार करता है, उनके निकट आना चाहता है तथा उनसे बात-व्यवहार करने का इच्छुक दिखाई देता है।

ऐसे लोगों के मित्रों की संख्या भी अनगिनत होती है। लोग उन्हें अपना नेता मानने में भी गौरव महसूस करते हैं। लोग उनकी बातें सुनते हैं, इसलिए मैं आपसे कहूँगा कि आप भी सच्चाई और ईमानदारी की राह पर चलें। यह आपकी सफलता के लिए अति आवश्यक ही नहीं, जीवन के हर क्षेत्र में सफलता की गारंटी भी है।

❑

सादर सप्रेम

यदि आप व्यवहार-कुशल हैं तो हमेशा याद रखें कि आपको अपने लिए किसी भी कार्य को किसी दूसरे व्यक्ति से कराने में किसी भी प्रकार की रिश्वत नहीं देनी पड़ेगी, क्योंकि प्रत्येक व्यक्ति अच्छे व्यवहार को ही पाना चाहता है।

–सूर्या सिन्हा

अपने स्वभाव को दें खूबसूरत रूप

आपने देखा होगा कि कुछ लोग जीवन में बहुत तेजी से तरक्की करते हैं, जबकि कुछ दूसरे लोग जीवन भर संघर्ष करने के बाद भी तरक्की से कोसों दूर दिखाई देते हैं। इसे आप क्या कहेंगे?

आमतौर पर लोग यहाँ भाग्य और दुर्भाग्य की दुहाई देंगे।

जो तरक्की कर गया, वह भाग्यशाली है और जो संघर्ष के बाद भी मनचाहे मुकाम पर नहीं पहुँच सका, वह भाग्यहीन है। जबकि वास्तव में ऐसा नहीं है। सफलता-असफलता का सीधा संबंध कर्म, व्यवहार तथा कर्मयोगी की मानसिकता से होता है।

'सफलता का भाग्य से कोई संबंध नहीं है' कहकर मैं भाग्य की महत्ता को नकार नहीं रहा, लेकिन मैं यह भी स्वीकार नहीं कर सकता कि सफलता केवल भाग्य से मिलती है। सफलता पाने के लिए अच्छे भाग्य के साथ-साथ अच्छी सूझ-बूझ, सतत परिश्रम और लोक-व्यवहार का ज्ञान होना भी बहुत जरूरी है।

सफलता में व्यक्ति के स्वभाव, उसके व्यवहार एवं वार्त्तालाप की भी महत्त्वपूर्ण भूमिका होती है। इन्हीं गुणों से व्यक्ति सामनेवाले को प्रभावित करता है। उसे सफलता की नित नई ऊँचाई और नई-नई दिशाएँ मिलती हैं।

जिस व्यक्ति में बात करने का सलीका हो, जो मिलनसार हो, जिसके होंठों पर सदा मुसकान रहती हो, जिसे लोगों को

अपना बनाने का सही तरीका आता हो और जो लोगों से अच्छी तरह पेश आता हो–अर्थात् व्यवहार-कुशल हो, वह हमेशा तरक्की करता है। सफलता हासिल करना ऐसे लोगों के लिए बड़ी साधारण बात है। सबसे बड़ी उपलब्धि, जो उन्हें हासिल होती है, वह यह है कि ऐसे लोग दूसरे लोगों के दिलों पर राज करते हैं और लोग उनके एक इशारे पर उनके साथ चल पड़ते हैं। लोग मिलते जाते हैं, कारवाँ बनता जाता है और आगे बढ़ता जाता है।

यह कभी नहीं भूलना चाहिए कि अच्छे और नम्र स्वभाववाले लोग जीवन की प्रत्येक लड़ाई जीतते हैं, वे हर कार्य में सफल होते हैं। वे उन परिस्थितियों में भी सफलता के झंडे गाड़ देते हैं, आम लोगों को जिनमें लेश मात्र भी सफलता मिलने की गुंजाइश नजर नहीं आती।

यदि आप एक अच्छे स्वभाव के धनी हैं, आप व्यवहार-कुशल हैं तो आपको रिश्वत देने या किसी की सिफारिश की आवश्यकता नहीं है। देर भले ही हो जाए, किंतु सफलता आपके कदम अवश्य चूमेगी।

याद रखिए, व्यावहारिक व्यक्ति अपने भविष्य-निर्माता स्वयं होते हैं।

कितने ही अनुसंधानों और प्रयोगों से सिद्ध हो चुका है कि यदि कोई व्यक्ति ईमानदार है और मेहनती भी, किंतु उसका स्वभाव क्रोधी है, वह अक्खड़ है और उसमें मिलनसारिता नहीं है, तो उसके उपर्युक्त दोनों गुण, ईमानदारी और मेहनतकशी, बेकार हैं। ऐसे व्यक्ति से लोग मिलना तो दूर, बात तक करना पसंद नहीं करते। ऐसे लोग क्रोधी और अक्खड़ स्वभाव के

कारण अपने बनते काम बिगाड़ लेते हैं, फिर भाग्य और व्यवस्था को दोष देते हैं। यदि कोई उनसे उनके स्वभाव के विषय में बात करे तो वे कहते हैं–

'क्या करूँ, मेरा स्वभाव ही ऐसा है। मैं बदल नहीं सकता।'

जबकि मानव-स्वभाव काफी कुछ गीली गुँधी मिट्टी की भाँति होता है, जिसकी कोई शक्ल नहीं होती। आवश्यकता उसे सही शक्ल देने की है। अपने स्वभाव को आकर्षक रूप देने का काम दूसरों को नहीं, स्वयं आपको करना है। कोशिश तो करके देखिए, निश्चित रूप से सफल होंगे।

दुनिया में कोई शख्स ऐसा नहीं है, जिसका स्वभाव बदला न जा सके। हाँ, यह थोड़ा मुश्किल जरूर है, परंतु असंभव नहीं।

इसमें थोड़ा समय लग सकता है। कारण, स्वभाव को बदलने के लिए बहुत संघर्ष करना पड़ता है, इसलिए उस व्यक्ति को आत्मविश्वास और आत्मसंयम रखकर अपने स्वभाव को नया और खूबसूरत रूप देना होगा।

❑

आप कितने व्यावहारिक हैं, यह इससे साबित हो जाता है कि आप सामनेवाले के विचारों को कितना समझ रहे हैं और कितना महत्त्व दे रहे हैं।

—सूर्या सिन्हा

जानिए मानव-स्वभाव को

'लोगों को अपना बनाने की कला' के अगले चरण और लोक-व्यवहार में कुशलता के लिए सर्वाधिक महत्त्वपूर्ण पहलू है—मानव स्वभाव का ज्ञान होना। यह एक स्वाभाविक सी बात है कि व्यक्ति चूँकि एक वैयक्तिक इकाई (इंडीविजुअल) होता है, इसलिए उसकी सोच भी व्यक्तिगत होती है। दुनिया का हर व्यक्ति सबसे ज्यादा सिर्फ और सिर्फ अपने बारे में सोचता है। जब वह अपनी सुरक्षा की ओर से निश्चिंत हो जाता है, तब किसी दूसरे के बारे में सोचता है। वह भी उस सीमा तक, जहाँ उसे कुछ मिलने की आशा होती है।

अब आपको मालूम करना है कि सामनेवाला या जिन लोगों से आपका संपर्क है, वे जो कुछ भी करते हैं, उसके पीछे मुख्य कारण क्या है और जब परिस्थितियाँ सामान्य से अलग हों, तो उसकी प्रतिक्रिया कैसी होगी—और सिर्फ कैसी ही नहीं, क्यों होगी, उस प्रतिक्रिया का रूप कैसा होगा? यदि परिस्थितियाँ सामान्य हैं तो वे कैसा व्यवहार करेंगे?

अगर आप अध्ययन करें तो पाएँगे कि एक सर्वमान्य और स्वाभाविक मानवीय गुण यह है कि मनुष्य के हर कार्य का नियंत्रण उसके अपने हितों से होता है। आदिकाल से मनुष्य की प्रकृति और प्रवृत्ति ऐसी ही रही है।

यह एक ऐसा सत्य है, जिसे यदि आप अच्छी तरह से समझ और जान लें तो आपको दूसरों से व्यवहार करने में, बल्कि कुशलतापूर्वक व्यवहार करने में कोई परेशानी नहीं होगी।

आपके लिए यह जानना भी बहुत जरूरी है कि फलाँ व्यक्ति अपने आप में क्या है? अगर आप इस तरह सोचेंगे कि आपके हिसाब से उसे ऐसा होना चाहिए तो आप बिलकुल सफल नहीं हो पाएँगे।

आपको केवल इतना ही नहीं करना है कि आप उस आदमी को पहचान पाएँ, दूसरे चरण में जब आप आगे बढ़ते हैं तो आपके सामने प्रश्न आता है कि जिस किसी के साथ भी आपका व्यवहार होना है, उसे शुरू कैसे किया जाए?

दूसरों को प्रभावित करने और उनसे अपना काम निकलवाने का एक ही तरीका है कि आप अपने व्यवहार की शुरुआत अपनेपन से करें।

यदि किसी व्यक्ति के विचार अथवा उसकी सोच आपकी सोच और विचारों से मेल नहीं खाते, तब भी आपको इस प्रकार व्यवहार करना है कि वह व्यक्ति आपके महत्त्व को समझे और अपने लिए आपकी जरूरत को समझते हुए अपने व्यवहार को आपके अनुरूप ढाले।

हो सकता है कि कुछ बिंदुओं पर आपकी सोच से उसकी सोच बिलकुल उलट हो, किंतु उस स्थिति में भी आप निराश न हों, आपको उससे बातचीत की शुरुआत कुछ इस प्रकार करनी चाहिए–

'देखिए, मुझे मालूम है कि मेरे और आपके विचार अनेक

मामलों में एक जैसे हैं। बहुत ही कम मामले ऐसे होंगे, जिन पर मेरे विचार आपके विचारों से भिन्न हों। लिहाजा क्या यह संभव नहीं है कि हम और आप बैठकर वे बिंदु तलाश कर लें, जिन पर हमारे मतभेद हैं और फिर उन्हें दूर कर लें?'

दोस्तो, यह एक ऐसा तरीका है कि सामनेवाला निश्चित ही महसूस करेगा कि उसे आपसे बातचीत करनी चाहिए। साथ ही इस बात की भी बहुत संभावना है कि जिन विषयों पर वह आपसे असहमत है, उन विषयों पर अपने अड़ियलपन को त्यागकर वह आपसे सहमति जताता दिखाई दे। इसके बाद आप पाएँगे कि आपके और उसके बीच के सभी मतभेद सुलझ गए और फिर यहीं से होगी आपके और उसके बीच सार्थक एवं सुखद संबंधों की एक नई शुरुआत।

आपसी बातचीत से मतभेद सुलझाने के बजाय यदि आप भी अड़ियलपन से काम लेंगे तो सोचिए, आपको क्या हासिल होगा?

इस सवाल का सही जवाब होगा–शायद कुछ नहीं।

जिनसे आपके मतभेद हैं, उनसे आपसी सुलह न करने, अड़ियलपन दिखाने या रुख न बदलने पर मतभेद और ज्यादा बढ़ेंगे। मतभेदों की यह खाई लगातार गहराती ही जाएगी।

ध्यान रहे–

मित्रतापूर्ण और विनम्र स्वभाव से ही आप किसी दूसरे को अपना बना सकते हैं। जबरन या अड़ियल रुख अपनाकर किसी को भी अपनी बात मानने के लिए बाध्य नहीं किया जा सकता।

❑

यदि आप सामनेवाले का नजरिया समझ सकते हैं और किसी घटना को अपने नजरिए के साथ-साथ सामनेवाले के नजरिए से भी देख सकते हैं, तो यह समझ लीजिए कि आपने सफलता का रहस्य जान लिया है।

—सूर्या सिन्हा

सामनेवाले की सोच और दृष्टिकोण को समझें

जब आप दूसरों के साथ व्यवहार करते हैं, तब निश्चित रूप से दो भिन्न दृष्टिकोणों और सोच का एक-दूसरे से टकराव होता है। यह सोच भिन्न भी हो सकती है और एकमत भी। अलबत्ता जो चीज सबसे अधिक महत्त्व रखती है, वह है-'सामनेवाले की सोच और उसके दृष्टिकोण को समझना।'

अकसर होता यह है कि वैयक्तिक इकाई होने से मनुष्य की सोच भी नितांत व्यक्तिगत हो जाती है। उसके लिए अपनी सोच और अपना दृष्टिकोण इतना महत्त्वपूर्ण हो जाता है कि उसकी परिधि से बाहर निकलने का खयाल भी उसे असुरक्षा की भीषण भावना से भर देता है। ऐसी स्थिति में वह केवल अपनी सोच और अपने दृष्टिकोण को लेकर रक्षात्मक रवैया अपनाता है, यह बात हर किसी पर लागू होती है। जब आप किसी के साथ व्यवहार कर रहे होते हैं तो जरूरी है कि अपनी सोच को ध्यान में रखते हुए ही आप दूसरों की सोच और उनके दृष्टिकोण को समझें और उचित महत्त्व भी दें।

बहुत सीधी सी बात है, आप किसी के पास कोई अपेक्षा लेकर जाते हैं। मान लीजिए, वह अपेक्षा धन की है। आपको पता है कि उसके पास धन है, उसकी जेब में रखे रुपए आपको नजर

आ रहे हैं, परंतु वह आदमी बहुत ही विनम्रता से आपको मना कर देता है। उसके मना करने पर आपको बुरा लगता है और भीतर से आप उस व्यक्ति के विरुद्ध हो जाते हैं, परंतु क्या यह ठीक है? क्या आपको पता है कि उसकी जेब में होते हुए भी उसने आपको पैसा क्यों नहीं दिया?

नहीं।

क्योंकि आपने अपने नजरिए से सोचा है। आप माँगनेवाले थे और वह व्यक्ति देनेवाला, जिसने रुपए नहीं दिए। अब आप खुद को जरा देनेवाले के स्थान पर रखिए और सामनेवाले को अपने स्थान पर, फिर सोचिए।

सारी परिस्थितियों पर विचार करने के बाद आप उसे पैसा देने में असमर्थता जता देते हैं। दरअसल, आपने आज की तारीख के हिसाब से कुछ चेक काटे थे, जिन्हें आज ही बैंक में आना है और यदि आपके एकाउंट में पर्याप्त रकम न हुई तो वे चेक बाउंस हो जाएँगे। चैक बाउंस होना अब वैसे भी एक दंडनीय अपराध है। अतः सोच-विचारकर आप इस निर्णय पर पहुँचते हैं कि उस समय दूसरे की मदद करने से आवश्यक है अपनी साख बचाना। इसीलिए आप उसे पैसा देने से इनकार कर रहे हैं। हालाँकि आप मन से उसकी मदद करना चाहते हैं, किंतु अपनी परिस्थितियों के कारण विवश हैं। जबकि सामनेवाला सोच रहा है कि आपके पास पर्याप्त पैसा है, किंतु आप उसकी मदद करना नहीं चाहते। इस पर वह बुरा मान जाता है।

दरअसल, हम किसी भी बात को सिर्फ और सिर्फ अपनी जरूरत एवं अपने नजरिए से देखने के आदी हो चुके हैं। हालात

को सही तरह से समझे बिना ही हम दूसरे को अव्यावहारिक समझ लेते हैं, किंतु यह नहीं सोचते कि 'उसकी जगह यदि मैं होता तो क्या करता।'

जब भी हम इस तरह से सोचने लगते हैं और परिस्थितियों को दूसरे के दृष्टिकोण से भी देखना सीख लेते हैं तो निश्चित ही बहुत सी समस्याएँ, बहुत से तनाव हलके पड़ने लगते हैं। इसलिए जरूरी है कि आप दूसरे के नजरिए को भी समझना सीखें।

❑

दूसरों का सम्मान करें

क्या आप चाहते हैं कि लोग आपकी बात सुनें और आपको सम्मान दें? आप किसी सभा या समारोह में जाएँ तो लोग खुले दिल से आपका स्वागत करें अथवा राह चलते लोग आपको सम्मान के साथ नमस्कार करें?

निस्संदेह आप ऐसा चाहते होंगे।

आप ही क्यों, दुनिया का हर व्यक्ति यही चाहता है।

किंतु क्या आपने कभी सोचा है कि आप इसके हकदार हैं या नहीं?

यदि नहीं, तो इस उत्तर पर आपने कभी गंभीरता से विचार नहीं किया होगा।

नहीं, तो क्यों?

इस प्रश्न का उत्तर आप स्वयं पा सकते हैं, अपना निरीक्षण आप स्वयं करें–

- ☞ क्या आप दूसरों का सम्मान करते हैं?
- ☞ क्या आप लोगों के साथ उसी प्रकार व्यवहार करते हैं, जैसा आप स्वयं चाहते हैं कि लोग आपके साथ करें?
- ☞ क्या आप दूसरों के दुःख-सुख में शामिल होते हैं?
- ☞ क्या आप दूसरों की मदद करने के लिए सदैव तत्पर रहते हैं?

☞ क्या आप निस्स्वार्थ भाव से समाज के लिए कार्य करते हैं?

इन प्रश्नों पर जब आप गंभीरतापूर्वक विचार करेंगे और सच्चाई से उत्तर देंगे तो आपके समक्ष स्पष्ट हो जाएगा कि आप जो चाहते हैं, वास्तव में उसके अधिकारी हैं या नहीं।

दोस्तो, याद रखें–

'जो चीज आप समाज से पाना चाहते हैं, पहले वह चीज आप समाज को दें। समाज आपसे जो पाएगा, वही आपको लौटाएगा।'

इस बात को गति के नियम से भी समझा जा सकता है। उदाहरणार्थ, किसी गेंद को आप जिस गति एवं जिस कोण से दीवार पर मारते हैं, वह उतनी ही गति तथा उतने ही कोण से आपकी ओर वापस आती है। सामाजिक आचार-विचार एवं व्यवहार में भी यही नियम लागू होता है।

मेरे कहने का तात्पर्य यह है कि आप स्वयं में मामूली सा फेर-बदल करके वह सबकुछ पा सकते हैं, जिसकी आप इच्छा करते हैं। सम्मान एवं अपनापन पाने के लिए यहाँ मैं कुछ टिप्स दे रहा हूँ। आजमाकर देखिए, निश्चित ही आप अपने आपको एक अलग, सर्वप्रिय तथा सुलझे हुए इनसान के रूप में पाएँगे।

दूसरों को छोटा या तुच्छ न समझें

जिस बहुमंजिली इमारत या जिस आलीशान भवन में आप रहते हैं, उसे छोटे समझे जानेवाले मजदूरों ने ही बनाया है। क्या कभी किसी धनवान् को आपने अपना मकान स्वयं बनाते देखा है, नहीं न? इसलिए किसी को भी उसके रोजगार से आँककर

उसे छोटा न समझें। उसे पूरा सम्मान और आदर दें। बदले में वह आपको आपके द्वारा दिए गए सम्मान एवं आदर से कई गुना अधिक लौटाएगा। छोटी-छोटी सीढ़ियों पर चढ़कर ही आदमी शिखर पर पहुँचता है, इसलिए ध्यान रखें, कभी भी भूले से भी दूसरों को छोटा या तुच्छ न समझें, न ही उनका दिल दुखाएँ।

अपने से कम शिक्षित, शरीर से कमजोर, कम योग्य और गरीब व्यक्ति का भी सम्मान करें

कुछ लोगों की आदत होती है कि वे अल्प-शिक्षित, शरीर से कमजोर, कम योग्य अथवा गरीब आदमी से सीधे मुँह बात नहीं करते, उसका मजाक उड़ाने से भी नहीं चूकते। यह सरासर अव्यावहारिकता और असभ्यता है। मैं जिन लोगों अथवा वर्ग का यहाँ जिक्र कर रहा हूँ, हमारे देश में ऐसे लोगों की संख्या बहुत ज्यादा है। यदि इतना बड़ा समूह आपको आपकी घटिया कारगुजारियों के चलते नापसंद करेगा तो आप समाज में कभी भी सम्मान एवं आदर के पात्र नहीं बन पाएँगे। इसलिए जहाँ तक संभव हो, इन लोगों से तालमेल बैठाने का गुण स्वयं में विकसित करें। अशिक्षित को शिक्षा दें, शरीर से कमजोर व्यक्ति को उसकी कमजोरी का अहसास न दिलाकर कुछ ऐसा करें कि वह स्वयं में आत्मबल बढ़ता महसूस करे। जो आपसे कम योग्य है, उसकी यथासंभव मदद करके आप उसकी योग्यता को बढ़ा सकते हैं। गरीब की पैसे से मदद न करें बल्कि उसे ऐसे रास्ते सुझाएँ, जिससे वह अपना जीवन-स्तर सुधार सके।

ऐसे व्यक्ति आपका प्यार, सम्मान, सुझाव एवं मदद पाकर इस कदर आपके अपने हो जाएँगे कि आपके सम्मान में पलकें

बिछा देंगे और आप उनके आदर्श बन जाएँगे। आपकी एक आवाज पर वे लोग दौड़े चले आएँगे। सैकड़ों लोगों के सामने आपका गुणगान करेंगे। आप जिस ओर भी निकल जाएँगे, लोग झुक-झुककर आपको प्रणाम करेंगे। प्रणाम करने के लिए इतने हाथ उठेंगे कि आपको उनके प्रत्युत्तर देना मुश्किल हो जाएगा।

यदि आप अपने चारों तरफ नजर दौड़ाएँ तो पाएँगे कि किसी भी क्षेत्र में वही व्यक्ति सफल है, जिसके पास मानव-शक्ति (मैन्स पॉवर) है। नेता हो या अभिनेता, सबकी सफलता की बुनियाद यही लोग हैं। मगर कितने अफसोस की बात है कि इतना बड़ा वर्ग, जिसकी वजह से आप सफलता पा सकते हैं, उससे ही आप नजर फेरकर खुद को छोटा दिखाने की कोशिश करते हैं।

यह तो रही समाज की बात। अपने परिवार से भी आपको सभ्यता एवं शालीनता से पेश आना चाहिए। यदि आप परिवार के मुखिया हैं तो–

- अपने परिवार के सभी सदस्यों, खासतौर पर बच्चों के साथ प्यार, अपनेपन, शिष्टता तथा सम्मान से पेश आएँ।
- व्यक्तिगत रूप से पारिवारिक सदस्यों की समस्याएँ सुनें और उनके समाधान की यथासंभव कोशिश करें। बच्चों पर अपनी इच्छाएँ एवं रुचियाँ थोपने की भूलकर भी चेष्टा न करें, बल्कि उनकी इच्छाओं एवं रुचियों को यथोचित महत्त्व दें।
- घर में हमेशा माँ-बाप या मुखिया न बने रहें, घर के सदस्यों व बच्चों के मित्र बनकर उन्हें समझाएँ एवं

उनका मार्गदर्शन करें।

☞ पत्नी को पूरा सम्मान व आदर दें। कभी भी दूसरों के सामने उसे डाँटे-धमकाएँ नहीं, और न ही कभी अपमानित करें।

इस प्रकार का व्यवहार यदि आप करते हैं तो देखेंगे कि आपके परिवार के सभी सदस्यों में आपसी प्यार और सद्‌भावना बढ़ने लगी है। यह प्यार सच्चा होगा, इसमें सद्‌भावना भी सच्ची होगी। इसमें दिखावा या औपचारिकता बिलकुल नहीं होगी। इसी प्रकार–

☞ यदि आप व्यवसायी हैं तो अपने कर्मचारियों के साथ अपनेपन से पेश आएँ।

☞ यदि आप किसी दफ्तर में कार्य करते हैं तो सहकर्मियों एवं अधीनस्थों से भी सम्मान एवं प्यार से पेश आएँ।

☞ यदि आप स्कूल में अध्यापक अथवा किसी कॉलेज में प्रोफेसर हैं तो छात्रों के साथ उचित व्यवहार करें। यदि आप प्रिंसिपल हैं तो अध्यापकों के साथ सम्मानजनक व्यवहार करें।

☞ यह कभी न भूलें कि दूसरों को सम्मान देने से ही आपको सम्मान मिलेगा। आप दूसरों को सम्मान एवं प्यार देंगे, तभी आप उनसे सम्मान और प्यार पा सकेंगे।

❑

दूसरों को प्रभावित कर बनाएँ अपना

दूसरों को प्रभावित करके अपना बना लेना भी एक कला है। वैसे व्यावहारिक सर्वेक्षणों से एक बात निर्विवाद रूप से सिद्ध हुई है कि व्यक्ति अपने बारे में सबसे अधिक सोचता है। वह अपने विचारों की स्वीकृति चाहता है, व्यापार आदि के क्षेत्र में तो यह बात सौ प्रतिशत लागू होती ही है, यहाँ तक कि पत्नी और बच्चों से बात करते हुए भी उसके मन में अपने विचारों का समर्थन पाने की इच्छा होती है।

जब भी आप लोक-व्यवहार के क्षेत्र में आते हैं, तब यह बात महत्त्वपूर्ण हो जाती है कि आप लोगों से इस प्रकार व्यवहार करें कि उन्हें लगे कि आप उनके विषय में सोचते हैं। उन्हें लेकर एक चिंता आपके मन में है। इसका सबसे सरल साधन यह है कि जब आप लोगों से बात शुरू करें तो उनकी रुचि के विषयों को जानें और उन विषयों पर बातें करें। इससे दोनों पक्षों को लाभ होगा।

मान लीजिए कि किसी व्यक्ति की रुचि क्रिकेट में है और आप एक जर्नलिस्ट या लेखक हैं। आप चाहते हैं कि वह व्यक्ति आपके लेख पढ़े। कहीं पर अब आप उससे मिलते हैं और वह क्रिकेट से संबंधित बात शुरू करता है। आप कहते हैं, 'अरे,

गोली मारो क्रिकेट को, समय खराब करने वाली बात है। लो, तुम मेरा यह लेख पढ़ो।' आप जाते-जाते यह हिदायत भी देते हैं, 'पढ़कर बताना कि मेरा यह लेख कैसा है।'

ऐसे में आप क्या समझते हैं कि वह आपका लेख पढ़ेगा?

आपके पीठ फेरते ही वह उसे फाड़कर कूड़ेदान में फेंक देगा।

यह भी हो सकता है कि अपने प्रिय शौक क्रिकेट की आलोचना से चिढ़कर वह आपका लेख आपके सामने ही फाड़कर फेंक दे।

इसलिए सबसे पहले आप दूसरों से उनकी रुचि के बारे में बात करें। मान लीजिए कि आपका कोई परिचित क्रिकेट में रुचि रखता है। आप उसके समक्ष स्वयं पहल करें और उसे बताएँ कि क्रिकेट कितना बढ़िया खेल है। क्रिकेट खिलाड़ी आज किस प्रकार फिल्म स्टारों जैसा दर्जा हासिल किए हुए हैं। दुनिया में क्रिकेट की वजह से देश का कितना नाम रोशन हुआ है। स्वास्थ्य के लिए भी क्रिकेट खेलना काफी अच्छा है। इससे शरीर चुस्त-दुरुस्त रहता है और कैरियर की दृष्टि से भी क्रिकेट एक उपयुक्त क्षेत्र है तथा आप भी अपने बेटे को भविष्य में क्रिकेट के मैदान में देखना चाहते हैं।

इतनी बातें करते-करते वह व्यक्ति आप में रुचि लेने लगेगा, तब आप उसे अपने लेख के विषय में बताएँ और पूछें कि क्या आप इस लेख को पढ़ना पसंद करेंगे?

निश्चित ही वह व्यक्ति आपके लेख में रुचि लेगा। क्योंकि आपने उसकी रुचि की बात करके उसे संतुष्ट किया है, इसलिए

वह भी आपको संतुष्ट करेगा। रुचि लेकर वह न केवल आपके लेख को पढ़ेगा, बल्कि अपनी राय भी देगा। इस प्रकार आपके और उसके संबंधों में मधुरता व मजबूती आएगी।

यह एक ऐसी प्रक्रिया है, जिससे दोनों को लाभ पहुँचता है।

याद रखें–

'जो व्यक्ति दूसरों में रुचि नहीं लेता, उसे जीवन में सबसे अधिक कठिनाइयों का सामना करना पड़ता है।'

यह सौ टके की बात है।

स्वभाववश व्यक्ति चाहता है कि अधिक-से-अधिक लोग उसमें रुचि लें। इससे उसे अपने महत्त्वपूर्ण होने का आभास होता है और उसका अहं संतुष्ट होता रहता है, परंतु क्या वह स्वयं भी दूसरों में उतनी ही रुचि लेता है?

शायद नहीं।

वह स्वयं तो दूसरों को कोई महत्त्व नहीं देना चाहता, किंतु चाहता है कि लोग उसे महत्त्व दें। ऐसा होना असंभव है। व्यवहार दोतरफा प्रक्रिया है।

जब आप दूसरों के दृष्टिकोण को समझना सीख जाते हैं तो आपको यह भी सीख लेना चाहिए कि आप दूसरों में रुचि लें और सच्ची रुचि लें। अगर आप सच्ची रुचि लेंगे तो सामनेवाले को भी अच्छी तरह से इस बात का अहसास होगा कि आप उसके बारे में सोचते हैं, उससे गहराई से जुड़े हैं, उसके लिए चिंतित हैं और उसके शुभचिंतक हैं, फिर उसका मन भी इस बात के लिए तैयार होगा कि वह आप में गहरी रुचि ले।

यह सहज मानव स्वभाव है।

आप एक बात का और ध्यान रखें कि किसी भी व्यक्ति को छोटा-बड़ा होने का अहसास न कराएँ। इससे किसी का भी स्वाभिमान आहत होता है। पता नहीं जीवन में कब, कौन और कहाँ काम आ जाए, इसलिए सभी से अच्छा व्यवहार बनाए रखिए।

कभी-कभी आप जिसे छोटा समझते हैं, वह इतना बड़ा काम कर जाता है कि आप सोच भी नहीं सकते।

महाकवि रहीम ने कहा है–

रहिमन देखि बड़न को, लघु न दीजै डारि।
जहाँ काम आवै सुई कहा करै तरवारि।।

अर्थात् बड़े को देखकर छोटे का त्याग मत कीजिए। बड़े सब जगह सब काम नहीं कर सकते, जिस तरह सूई का काम तलवार नहीं कर सकती।

❑

दूसरों की निंदा करनेवाले स्वयं निंदा के पात्र होते हैं। समाज खुद उनकी निंदा व आलोचना करता है, क्योंकि हमें यह नहीं पता होता कि हम क्या हैं? क्या हमारी भी निंदा हो सकती है और यदि हो सकती है तो क्यों?

—सूर्या सिन्हा

भूलकर भी न करें परनिंदा

आमतौर पर मनुष्य में एक जन्मजात कमी होती है, जिसे मनुष्य की मूल प्रवृत्ति भी कहा जा सकता है। वह कमी या बुरी आदत है–परनिंदा करना।

दूसरों की निंदा करके कुछ लोगों को एक अजीब सा सुकून और सुख प्राप्त होता है।

सोचनेवाली बात यह है कि क्या दूसरों की बुराई करने से, दूसरों की निंदा अथवा उनकी बुराइयाँ उजागर करने से किसी को अपना बनाया जा सकता है?

नहीं, बिलकुल नहीं।

यह बिलकुल सही बात है, जिसकी आप निंदा कर रहे हैं अथवा जिसकी बुराइयों या कमियों को उजागर करके आप स्वयं को श्रेष्ठ सिद्ध करने की चेष्टा कर रहे हैं और वह भी उसी व्यक्ति के सामने, तो निश्चित जानिए कि आप अपने संबंधों के बिखराव की शुरुआत कर रहे हैं।

यदि आप किसी दूसरे के सामने किसी तीसरे की निंदा कर रहे हैं, यानी कि पीठ पीछे किसी की भी निंदा कर रहे हैं तो आपका यह कार्य उस सीमा तक तो उस व्यक्ति को अच्छा लगेगा, जहाँ तक आप उसके आनंद का साधन हैं, उसके बाद वह भी आपसे कतराने लगेगा।

यह सर्वमान्य सत्य है कि हम सराहना के जितने भूखे हैं,

निंदा से उतना ही डरते भी हैं। इसका कारण है कि निंदा करने से सामनेवाले का मनोबल गिरता है, उसका आत्मविश्वास टूटता है। जब आप किसी का मनोबल गिराने जैसा अपराध कर रहे हों तो क्या उससे आशा कर सकते हैं कि वह आपका सम्मान करेगा?

बिलकुल नहीं।

आप उसकी दृष्टि से गिर जाएँगे और वह आपका कट्टर विरोधी हो जाएगा।

इसका परिणाम यह होगा कि अपने जरूरी कामों में वह इस कार्य को भी शामिल करेगा कि जैसे भी हो, वह आपको चोट पहुँचाए। अधिक-से-अधिक ऐसे कार्य करे, जिससे आपका मनोबल टूटे।

दरअसल, महत्त्वपूर्ण बनना हमेशा से व्यक्ति की तीव्र आकांक्षा रही है। इसी आकांक्षा को ध्यान में रखकर शुरुआती अध्याय में जिस मानव-सभ्यता की हमने बात की है, अगर हमारे पूर्वजों के मन में भी कुछ अलग और महत्त्वपूर्ण होने की आकांक्षा ने सिर न उठाया होता तो संभवतः हम उसी आदिम काल जैसी अवस्था में जी रहे होते।

समझदार लोग चापलूसी पसंद नहीं करते, वे सीधी बात पसंद करते हैं। चाहे वह बात मीठी हो या कड़वी–और यह एक विशिष्ट गुण भी है।

मगर कितने लोगों में यह गुण दिखाई देता है? समाज में ऐसे लोग तो उँगलियों पर गिनने लायक हैं।

हमारा-आपका सामना अधिकतर ऐसे लोगों से होता है, जो

भावुक तथा संवेदनशील होते हैं और दिमाग के साथ-साथ दिल से भी सोचते हैं। यही कारण है कि उनका स्वयं के महत्त्वपूर्ण न होने का अहसास कभी-कभी पागलपन की सीमा को भी छूने लगता है। इसलिए अत्यंत जरूरी है कि बुराई, निंदा, शिकायत अथवा आलोचना के बजाय हमें लोगों का उत्साह बढ़ाने की कला आनी चाहिए।

इस प्रसंग में यह एक अचूक मंत्र है–

'दूसरों को सुधारने के बजाय खुद को सुधारना कहीं अधिक लाभकारी है।'

❑

दूसरों की अच्छाइयों को करें स्वीकार

दोस्तो, होता अकसर यह है कि हम कभी अपने अंदर झाँककर नहीं देखते और दूसरों की अच्छाइयों-बुराइयों की आलोचना करने में ही जिंदगी गुजार देते हैं।

दूसरों को अपने पक्ष में, अपने समर्थन में खड़ा देखने के लिए जरूरी है कि हम पहले अपने गुण-दोषों को देखें।

यह काम जरा कठिन है, क्योंकि अपने गुणों को देखने का काम जहाँ आनंददायक और सुखद है, वहीं अपने दोषों को स्वीकार करना कठिन होता है। यदि आप सफल होना चाहते हैं, उन ऊँचाइयों को छूना चाहते हैं, जिन्हें विरले ही छू पाते हैं, तो यह गुण-दोष ढूँढ़ने का कार्य आपको पूरी ईमानदारी से करना होगा।

अब प्रश्न उठता है कि यह करें कैसे?

इसका सबसे आसान तरीका यह है कि आप एक डायरी लें और उसमें दो अलग-अलग वर्ग बना लें।

एक वर्ग अच्छे लोगों का बनाएँ और दूसरा ऐसे लोगों का, जिन्हें आप अपने नजरिए से किन्हीं कारणों से बुरा समझते हैं।

पहले जो लोग आपको अच्छे लगते हैं, उनके नाम के साथ उनकी उन अच्छाइयों को, जो आपको पसंद हैं, डायरी के

एक वर्ग में नोट करें। उसके बाद यह देखिए कि दूसरों की वे अच्छाइयाँ, जो आपको पसंद हैं, आपके अंदर हैं या नहीं?

निरीक्षण करने पर आप पाएँगे कि कुछ अच्छाइयाँ आप में हैं, कुछ नहीं हैं। अब आप दूसरों की वे अच्छाइयाँ, जो आप में नहीं हैं, ग्रहण करने की कोशिश कीजिए।

अच्छाइयों के ठीक सामने दूसरी ओर आप बुरे लगनेवाले लोगों की उन तमाम बुराइयों को नोट करें, जिन्हें आप बुरा मानते हैं। अब आप स्वयं को टटोलें। निरीक्षण करने पर आप पाएँगे कि जिन बुराइयों के कारण आपको वे लोग पसंद नहीं हैं, उनमें से कुछ वैसी ही बुराइयाँ आपके अंदर भी हैं।

अगर आप जान चुके हैं कि आप में वे बुराइयाँ हैं, जिन्हें आप दूसरों में होना पसंद नहीं करते, तो यह बहुत मुश्किल नहीं है कि आप पहले खुद अपने अंदर से उन बुराइयों को दूर करें।

इस प्रकार जब आप दूसरों की अच्छाइयों को ग्रहण कर बुराइयों का त्याग करेंगे तो निश्चित ही लोगों के प्रति आपके व्यवहार में बदलाव आएगा, आप लोगों को अपना बनाने के सिद्धांतों का पालन करने लगेंगे और व्यवहार-कुशल भी कहलाएँगे।

लोक-व्यवहार की यही कुशलता सर्वप्रिय होने और जीवन के हर क्षेत्र में सफल होने की पहली शर्त है।

❑

प्रशंसा करें, चापलूसी नहीं

व्यवहार-कुशलता के इस क्रम में प्रशंसा करना भी एक कला है। कुछ लोग या तो प्रशंसा करते ही नहीं या फिर अनुचित की प्रशंसा करते हैं। प्रशंसा हमेशा सकारात्मक कार्य की करनी चाहिए, नकारात्मकता की नहीं।

प्रशंसा का अर्थ है—वे शब्द, भाव या वाक्य, जो दूसरे को भले लगें। प्रशंसा करते समय यह देखना भी आवश्यक है कि आप जिसकी प्रशंसा कर रहे हैं, वह और उसका कार्य क्या वास्तव में प्रशंसा के योग्य है?

यदि कोई व्यक्ति अपने से कमजोर, सड़क चलते किसी व्यक्ति को सोचने-समझने का अवसर दिए बिना लात-घूँसों से अंधाधुंध पीटकर भाग जाता है तो आप उससे मिलने पर क्या यह कहेंगे—

'वाह! क्या फुरती है आप में! क्या ताकत है आपके शरीर में! जिस आदमी को आपने उस दिन मारा था, वह तो महीनों तक बिस्तर से उठ ही नहीं पाएगा। वाह! क्या साहस है आपका! सड़क चलते उसे सरेआम खूब पीटा।'

ऐसा कहकर यदि आप उस असामाजिक व्यक्ति की प्रशंसा करते हैं तो इससे सिद्ध होता है कि आप में अच्छे-बुरे में अंतर करने की समझ ही नहीं है। आपने न तो उचित पात्र की प्रशंसा की, न ही उचित कार्य की। आपने एक नकारात्मक तथा

असामाजिक तत्त्व की प्रशंसा की। आपका यह कार्य मानवीय, नैतिक और सामाजिक रूप से गलत है।

हाँ, यही शब्द तब भले लगते जब पिटनेवाले व्यक्ति ने कोई अपराध किया होता। उसने किसी महिला का पर्स अथवा चेन झपट ली होती, किसी कमजोर या असहाय वृद्ध को चोट पहुँचाकर भागा होता, तब उपर्युक्त शब्द पीटनेवाले व्यक्ति की सच्ची और सकारात्मक प्रशंसा होती, क्योंकि इस घटना में शक्ति-प्रदर्शन, साहस, फुरती सभी कुछ एक सकारात्मक कारण के लिए उपयोग किए गए होते। इसके साथ ही प्रशंसा करनेवाले को यह भी देखना होगा कि पीटनेवाले ने कानून अपने हाथ में तो नहीं लिया। अपराधी को सजा देना कानून के अधिकार-क्षेत्र की बात है, किसी व्यक्ति विशेष की नहीं। परंतु अपराधी को पकड़कर सजा के लिए कानून के हवाले करने में किए गए बल प्रयोग को उचित कहा जाएगा।

लोक-व्यवहार में हमेशा ध्यान रखें कि आप उसी आदमी की सच्ची प्रशंसा करें, जो उस प्रशंसा के योग्य हो, न कि बिना कारण उसकी शान में प्रशंसा की जाए। इससे वह व्यक्ति तो आपकी चापलूसी से प्रसन्न हो जाएगा, परंतु गलत कार्य और गलत आदमी की चापलूसी करने के कारण काफी लोग आपके विरुद्ध हो जाएँगे। अतः यह अत्यंत जरूरी है कि आप प्रशंसा और चापलूसी में अंतर करना सीखें। इसके साथ ही प्रशंसा करने के सही अवसर, स्थिति और कार्य को पहचानने की योग्यता अपने अंदर विकसित करें।

❑

दूसरों को दें ज्यादा महत्त्व, स्वयं को नहीं

कुछ लोगों की आदत होती है कि वे आत्मप्रशंसा में लीन रहते हैं और सामनेवाले को थोड़ा भी महत्त्व नहीं देते। लोक-व्यवहार की दृष्टि से यह स्वभाव बहुत ही नुकसानदायक है। व्यक्ति को चाहिए कि वह दूसरों की महत्ता को स्थापित करे और स्वयं को पार्श्व में रखे।

इसके लिए आवश्यक है कि व्यक्ति अपने प्रति मोह से मुक्ति पाए। कभी भी इस प्रकार की बात न करें–

मुझे यह अच्छा लगता है।

मेरा फलाँ काम ऐसा था।

मैंने यह निर्णय लिया है।

मेरे हिसाब से तो यह कार्य ऐसे होना चाहिए था।

हर स्थान पर अपनी महत्ता सिद्ध करने से आपकी महत्ता कभी स्थापित नहीं हो सकती, बल्कि लोग आपको 'अपने मुँह मियाँ मिट्ठू' कहने लगेंगे। अतः ध्यान रखें, आप कोई भी बात दूसरे से शुरू करें और सामनेवाले को अहसास कराएँ कि आप उसे महत्त्व दे रहे हैं। हमेशा बातचीत इस प्रकार शुरू करें–

कहिए, इस मामले में आपका क्या विचार है?

आपका कार्य कैसा चल रहा है?

क्या आप सिनेमा देखना पसंद करते हैं?

आप जल्दी ही फैक्टरी शुरू करनेवाले थे, उसका क्या हुआ?

कहने का तात्पर्य यह है कि यदि आप सिर्फ और सिर्फ अपने विषय में ही बातें करते हैं तो किसी भी व्यक्ति की दिलचस्पी आप में अधिक देर तक नहीं रहेगी। आज के समय में हर आदमी अपने बारे में सोचना या सुनना चाहता है। अतः आपको 'मेरे लिए', 'मेरा', 'मैंने' और 'मुझे' जैसे शब्दों का प्रयोग न करके 'आप', 'आपने', 'आपका' आदि से बात शुरू करनी चाहिए। अगर आप इस तकनीक को अपनाएँगे तो सामनेवाला निश्चित ही आपके बारे में पूछेगा और आप में दिलचस्पी लेगा। सामनेवाले को आपके बारे में बात करने, बोलने का अवसर दीजिए बजाय इसके कि आप स्वयं अपना राग अलापें।

इस बुराई से बचने के लिए सिर्फ और सिर्फ एक शब्द को अपने मस्तिष्क में बैठा लें और वह है–'आप'। न कि 'मैं'।

'मैं' याद रखिए तो सिर्फ यह कहने के लिए–

मैं आपके विचारों से सहमत हूँ।

मैं आपसे प्यार करता हूँ।

मैं आपको चाहता हूँ।

फिर देखिए कि लोग कैसे आपके प्रति लगाव प्रदर्शित करते हैं।

इसका सबसे बड़ा कारण है कि जब आप अपने बारे में बोलते हैं और बोलते ही चले जाते हैं तो एक तरह से सामनेवाले को उसके महत्त्वहीन होने का आभास करा रहे होते हैं। अगर

कोई आपके सामने ऐसा करे तो आप भी नहीं चाहेंगे।

इसलिए ज्यादा-से-ज्यादा दूसरों को महत्त्व दें। इसका परिणाम यह मिलेगा कि आप स्वयं उनके लिए महत्त्वपूर्ण हो जाएँगे।

❑

दूसरों से सहमति रखें

व्यावहारिक व्यक्ति में एक गुण और होना चाहिए, और वह है–दूसरों से सहमति।

दरअसल, किसी से असहमत होना तो बहुत आसान है, परंतु सहमत होना बहुत ही कठिन होता है। ऐसा करने के लिए व्यक्ति को अपने अहंकार को मारना पड़ता है। अपने अहंकार को मारकर दूसरे से सहमत होने की कला सीखना थोड़ा कठिन अवश्य है, लेकिन असंभव नहीं। जब आप अपने अहंकार को मार लेते हैं अथवा मारना शुरू करते हैं, तब निश्चित रूप से अपने व्यक्तित्व को निखारने की दिशा में आगे बढ़ रहे होते हैं।

अब सवाल यह है कि आप दूसरों से सहमति जताना कैसे सीखें?

इसके लिए सबसे पहले अपने मन में ठान लें कि आपको किसी भी स्थिति में किसी से बहस नहीं करनी है। बहस एक ऐसी बुराई है जिसमें प्रत्येक पक्ष अपने बचाव में हठी यानी जिद्दी बना रहता है और बहस का कभी कोई सुपरिणाम नहीं निकलता। सामनेवाला गलत है, आप जानते हैं, फिर भी वह बहस करेगा, स्वयं को सही सिद्ध करने के लिए। ऐसी स्थिति में 'सही' होते हुए भी आप बहस से बचें। अतार्किक एवं अनावश्यक बहस करने से चुप रहना कहीं ज्यादा अच्छा है।

इस प्रकार आप स्वयं को विवाद से दूर रख पाएँगे और उसके मन में एक खास जगह भी बना लेंगे।

यदि आप गलती कर बैठे हैं, आपसे कुछ गलत हो गया है और सामने वाला आपको आपकी गलती का अहसास करा रहा है तो उस गलती को खुले दिल से स्वीकार करें, न कि बहस करके खुद को सही सिद्ध करने की कुचेष्टा करें। गलत होते हुए भी स्वयं को सही सिद्ध करने की कुचेष्टा के चलते व्यक्ति का रवैया अड़ियल हो जाता है। वह झूठ बोलता है, बहाने बनाता है, तर्क-कुतर्क करता है और उसका यह कुप्रयास तब तक जारी रहता है, जब तक सामनेवाला हथियार नहीं डाल देता। ऐसे में झूठा व्यक्ति समझता है कि वह जीत गया, बहस करके उसने गलत को सही ठहरा दिया, किंतु यह जीत स्थायी नहीं होती। इससे व्यक्ति के मन पर एक अनदेखा बोझ पड़ता है। झूठ बोलने और बहस करनेवाले की आत्मा बेचैन रहती है और लोग भी अंतःकरण से उसे स्वीकार नहीं करते।

हाँ, यदि आप खुले दिल और दिमाग से अपनी गलती स्वीकार करते हैं तो मन-मस्तिष्क पर एक अनचाहे बोझ को लादने से बचते हैं। आपके चेहरे पर सत्य की स्वाभाविक चमक दिखाई देने लगती है और लोगों की नजरों में आपके लिए सम्मान पैदा हो जाता है। लोग आपको स्वीकार करते हैं, आपकी प्रशंसा करते हैं, आपकी बातों को अपेक्षित महत्त्व देते हैं और आपसे प्यार करने लगते हैं।

दरअसल, जब आप कहते हैं कि 'मेरी गलती है। मैं खुले दिल से स्वीकार करता हूँ और इसके लिए क्षमाप्रार्थी हूँ', तब

आप दोहरे स्तर पर रचनात्मक रूप से सक्रिय होते हैं–एक तो आप बड़प्पन की ओर बढ़ रहे होते हैं, क्योंकि **अपनी गलती के लिए खेद जताना बड़े दिलवाले व्यक्ति के ही वश की बात है** और दूसरे, आप भविष्य के लिए अपने मन में गलती से बचने की सोच को जन्म दे रहे हैं तथा दूसरों के लिए उदाहरण भी पेश कर रहे हैं कि वे भी उतने ही विनम्र बन सकें जितने कि आप हैं।

इन दोनों स्थितियों 'बहस से बचने' और 'अपनी गलती मानने' के लिए स्वयं को तैयार करने के बाद जब आप व्यावहारिक रूप से आमने-सामने होते हैं, तब सबसे पहली माँग जो आप से होती है, वह है दूसरों से सहमत होने की।

प्रत्येक व्यक्ति का अपना अलग विचार और अलग सोच होती है; पर आपको दूसरों के साथ एकमत होने की प्रवृत्ति भी स्वयं में विकसित करनी होगी। विरोध होते हुए भी दूसरे के विचारों को मान्यता देनी होगी। ऐसा करके आप सामनेवाले में महत्ता, आपसी प्रेम और भाईचारे की नींव रखते हैं।

इसमें एक परेशानी अवश्य आती है कि असहमत होते हुए भी आखिर कब तक आप सहमत होने का प्रयास करते रहेंगे? यह काम जरा मुश्किल है, पर यह तो आपको करना ही होगा। जब तक बिलकुल ही आवश्यक न हो तब तक सामनेवाले को अहसास न होने दें कि आप उससे असहमत हैं। हाँ, इससे उलट, लोगों को यह बताने का अवसर भी न चूकें कि आप उनसे सहमत हैं। यह सहमति सिर्फ मौन ही न हो, बल्कि प्रत्यक्ष रूप में दिखाई भी देनी चाहिए।

लोगों की आँखों में आँखें डालकर, सहमति में सिर हिलाते हुए, जोश और पूरे आत्मविश्वास के साथ उन्हें बताएँ कि आप उनसे सहमत हैं। फिर देखिएगा, लोग आपके अपने हो जाएँगे। आप देखेंगे कि लोग आपको पहले से कई गुना ज्यादा महत्त्व देने लगे हैं, आपको चाहने लगे हैं, आपसे प्यार करने लगे हैं और आप उनकी जिंदगी का एक महत्त्वपूर्ण हिस्सा बनते जा रहे हैं।

इसका सबसे बड़ा कारण यही है कि लोग एक तो अपनी आलोचना पसंद नहीं करते, दूसरे वे उन्हें ही पसंद करते हैं जिनकी सोच और विचार उनसे मिलते हों। उन्हें तो वे बिलकुल पसंद नहीं करते, जिनका मत अपनी जगह सही होते हुए भी उनसे अलग हो।

❑

दूसरों का दिल जीतने व लोक-व्यवहार कला में दूसरे व्यक्ति की सोच को समझना बहुत जरूरी है; क्योंकि यदि उनकी सोच का पता आपको चल जाता है तो इससे आपका काम बहुत आसान हो जाता है। दूसरे आपको पसंद करने लगते हैं, दूसरों को आपकी बातें अच्छी लगने लगती हैं और आपके साथ उनका प्यार एवं व्यवहार बढ़ जाता है।

—सूर्या सिन्हा

दूसरों में इच्छा पैदा करना सीखें

यदि आप दूसरों से अपना कोई मनपसंद काम कराना चाहते हैं तो उसके लिए दूसरों में उस कार्य के प्रति प्रबल इच्छा जगाएँ। उस इच्छा को उसके गर्व से जोड़कर उसे दिखाना सीखिए। इस तरह आप दूसरों का दिल जीतने व लोक-व्यवहार कला में बिना किसी रुकावट के सफल से सफलतम होते चले जाएँगे।

आप अपने बच्चे को ही लीजिए मान लीजिए कि आपका बच्चा पढ़ने में रुचि नहीं लेता है, उसका मन खेलने में अधिक लगता है अथवा वह रिमोट हाथ में लिये अकसर टी.वी. के सामने बैठा कार्टून देखता रहता है या दूसरे कोई खेल खेलता रहता है और आपकी बात बिलकुल नहीं सुनता। आप देख रहे हैं कि उसमें यह आदत बढ़ती जा रही है। पढ़ाई से उसका मन दूर होता जा रहा है। आप उसे डाँटते-फटकारते हैं तो हो सकता है कि आपके डर से वह किताबें लेकर बैठ जाए और पढ़ने का दिखावा करे, लेकिन क्या आप उसके मन को उसकी रुचियों से हटा पाएँगे?

नहीं, बिलकुल नहीं।

फिर क्या किया जाए?

आप एक काम कर सकते हैं—उसी कार्टून चैनल या अन्य किसी चैनल पर किसी 'बाल कार्यक्रम' की कंपीयरिंग कर रहे

किसी बच्चे को उसे दिखाइए या किसी कार्यक्रम में भाग ले रहे अथवा किसी सीरियल में काम कर रहे उसके हमउम्र बच्चे को उसे दिखाइए, बोलिए कुछ नहीं। अब आप देखेंगे कि उसमें उन्हीं बच्चों जैसा बनने की प्रवृत्ति बढ़ती जा रही है।

कुछ दिनों बाद जब आप अपने बच्चे से पूछेंगे कि क्या वह भी वैसा ही बनना चाहता है, जैसा टी.वी. चैनल पर बच्चे को देखता है? बच्चा तुरंत कंपीयर या अभिनेता बनने की इच्छा व्यक्त करेगा। आपका बच्चा यह भी कह सकता है कि वह किसी बाल कार्यक्रम में शामिल होना चाहता है।

अब आप उसे बता सकते हैं कि वह बच्चा जो कंपीयर है, वह बच्चा जो किसी टॉक शो में भाग ले रहा है या वह बच्चा जो किसी सीरियल में कोई भूमिका अभिनीत कर रहा है, उन सभी बच्चों को यह काम करने के अवसर तब मिले हैं, जब उन्होंने पढ़ाई-लिखाई ठीक से की है। ये काम उन्हीं बच्चों से करवाए जाते हैं, जो पढ़ने-लिखने में होशियार होते हैं और तुम मन लगाकर पढ़ते नहीं हो। यदि तुम्हें इन बच्चों जैसा बनना है तो पहले तुम्हें मन लगाकर पढ़ना होगा।

आप देखेंगे कि बच्चा अवश्य ही मन लगाकर पढ़ेगा।

दरअसल, उस बच्चे में पहले तो आपने कंपीयर, पार्टीसिपेंट, कलाकार और अभिनेता बनने की ललक पैदा की, फिर आपने उसकी ललक को पढ़ाई की शर्त के साथ जोड़कर पढ़ाई की अनिवार्यता को उसके मन में मजबूती से स्थापित कर दिया।

कुछ दिनों में आप देखेंगे कि धीरे-धीरे उसका रुझान पढ़ाई की ओर बढ़ रहा है। खेल के साथ वह पढ़ाई के महत्त्व को भी

समझ रहा है। बच्चे में यह क्रांतिकारी परिवर्तन केवल इसलिए हुआ है, क्योंकि आपने उसके सपने को पढ़ाई की प्रबल इच्छा के साथ जोड़ दिया है।

हमेशा याद रखें, दूसरों का दिल जीतने व लोक-व्यवहार कला में बहुत जरूरी है कि दूसरे व्यक्ति की तार्किक सोच को समझा जाए और उसके बाद उसी सोच को प्रेरित किया जाए। इससे आपका काम बहुत आसान हो जाता है। दूसरे आपको पसंद करने लगते हैं, आपकी बातों को मानने लगते हैं। तब आपसी प्रेम व प्यार बढ़ने लगता है।

❑

दूसरों को अपने पक्ष में प्रेरित करें

लोक-व्यवहार के इस क्रम में एक और गुण भी बहुत ही महत्त्वपूर्ण है। दरअसल, आपकी पूरी जिंदगी बीतने को आ जाती है, फिर भी कभी-कभी आपको लगता है कि आप दूसरों को उतना नहीं समझ पाए हैं जितना समझना चाहते थे। ऐसा सोचनेवालों को लगता है कि दूसरों को समझने में उनसे जरूर कहीं कोई चूक हो गई है। उसी चूक का ही यह नतीजा है कि वे दूसरों को न तो समझ पाए, न ही उन्हें अपने पक्ष में प्रेरित कर सके। नासमझी में आप भी इस चूक का शिकार न हो जाएँ, इसलिए यहाँ हम जिस मानवीय गुण पर चर्चा करेंगे, वह है—सामनेवाले को अपने पक्ष में प्रेरित करने का।

अब प्रश्न उठता है, यह संभव कैसे हो?

इसका सबसे पहला तरीका तो यह है कि आप सामनेवाले व्यक्ति को ज्यादा-से-ज्यादा बातें करने का अवसर दें और स्वयं कम बोलें। इससे उस व्यक्ति को लगेगा कि जो विचार आप प्रस्तुत कर रहे हैं, वे उसी के हैं।

मान लीजिए कि आप एक व्यवसायी हैं और एक बड़े स्तर पर आप कोई दूसरा व्यवसाय शुरू करना चाहते हैं, जिसमें एक अन्य सफल व्यवसायी को अपने साथ भागीदार के रूप में जोड़ना चाहते हैं।

इस सिलसिले में सबसे पहली और मूलभूत चीज है आपका प्रस्ताव।

आप उस व्यवसायी से संपर्क साधते हैं और अपने प्रस्ताव पर विचार-विमर्श करने के लिए उससे समय माँगते हैं। उसकी ओर से आपको किसी विशेष दिन दो घंटे का समय मिल जाता है। समय तो मिल गया, लेकिन अब आप क्या करें?

आप तय समय पर उसके पास पहुँचें। ध्यान रहे कि आपके पास सिर्फ दो घंटे हैं। इसलिए आप केवल पंद्रह मिनट का समय अपने लिए रखें, शेष पौने दो घंटे उसके लिए छोड़ें। पंद्रह मिनट में अपने प्रस्ताव की रूपरेखा बताकर आप उसकी प्रतिक्रिया की प्रतीक्षा करें।

इस बात का विशेष ध्यान रखें कि आप उसे अपने व्यवसाय में पार्टनर बनाने के लिए सहमत करने आए हैं। अतः हो सकता है कि वह आपके प्रस्ताव में कुछ खामियाँ ढूँढ़े और आपको बताए।

आपको उससे कहना है, 'मैंने आपको ध्यान में रखकर ही यह प्रोजेक्ट बनाया है। इसमें जो कमियाँ हों, आप निस्संकोच मुझे बताएँ। मैं जानता हूँ कि आप जो भी सुझाव देंगे, वे हमारे व्यवसाय की बेहतरी और तरक्की के लिए ही होंगे।'

इसके बाद आप लोक-व्यवहार के बिलकुल शुरुआती बिंदु 'दूसरे को महत्त्व देना' से शुरुआत करें। जल्द ही आप पाएँगे कि आप उसके अहं को तुष्ट करते हुए उसे इस स्थिति में ला रहे हैं कि वह आपके प्रस्ताव को पूरा सम्मान देगा और उसमें और अधिक दिलचस्पी दिखाएगा। आप देखेंगे कि उसने बिजनेस प्लान

को फिर से गंभीरतापूर्वक सुना या पढ़ा है और आपको कुछ अन्य सुझाव उस प्रोजेक्ट के संदर्भ में दिए हैं।

यदि आप बारीकी से गौर करें तो निश्चित ही पाएँगे कि अब उसने आपके प्रोजेक्ट की संभावित उन्नति के कुछ विशेष गुण भी बताने शुरू कर दिए हैं।

अब आप अवसर देखकर यह पंक्ति कह सकते हैं, 'अमुक मीटिंग में आपने कहा था कि आप ऐसे ही किसी प्रोजेक्ट पर काम करना पसंद करेंगे।'

आपकी इस एक पंक्ति का असर जानते हैं क्या होगा?

वह बिजनेसमैन आपके उस प्रस्ताव से स्वयं को तुरंत जोड़ लेगा और उसे अपना ही व्यक्तिगत विचार मानेगा। अब आप खामोशी से उसकी बातें सुनते रहिए। वह बोलेगा और आपको बहुत से सुझाव भी देगा। आप कह सकते हैं, 'सर, आपसे प्रेरणा लेकर ही मैंने यह प्रोजेक्ट तैयार किया है। आपके सभी सुझावों पर मैं गंभीरतापूर्वक विचार करूँगा, क्योंकि आपके सभी सुझाव इस प्रोजेक्ट की बढ़ोतरी और बेहतरी के लिए ही होंगे। आपके साथ होने से यह भी निश्चित है कि मुझे भी एक प्रेरणा और बल मिलेगा, इसके अलावा आपके अनुभव का लाभ भी मुझे मिलेगा, जिससे निश्चित रूप से ही हमें सफलता प्राप्त होगी।'

देखिए, आपने तीन महत्त्वपूर्ण कार्य किए हैं–

पहला–सामनेवाले को अधिक-से-अधिक बोलने का अवसर दिया।

दूसरा–आपने अपने विचार को उसका विचार बनाकर पेश करने की कला का सफल प्रदर्शन किया।

तीसरा महत्त्वपूर्ण कार्य जो आपने किया है, वह है–उसकी स्वीकृति आपने प्राप्त की।

अब जरा उन बिंदुओं पर विचार करें, जो आपकी सफलता के मुख्य आधार बने हैं–

आपने उसी को ज्यादा-से-ज्यादा बोलने का अवसर दिया, इससे उसे अपनी महत्ता का अहसास हुआ। अपने विचार को आपने उसके विचार के तौर पर प्रस्तुत किया, इससे उसका व्यक्तिगत अहं तुष्ट हुआ। अब वह स्वयं सोचेगा कि यह उसी का प्रस्ताव है और खुशी-खुशी आपको अपनी सहमति दे देगा।

एक प्रतिशत संभावना के अनुसार यह भी हो सकता है कि वह आपसे कहे, 'ठीक है, आप मेरे सुझावों के आधार पर प्रोजेक्ट की नए सिरे से रूपरेखा बना लीजिए। फलाँ दिन मैं फ्री हूँ, आप आ जाइए। इस प्रोजेक्ट पर फिर से विचार कर लेंगे।'

आपके पास अब भी अवसर है कि सुझावों के अनुरूप प्रोजेक्ट में फेर-बदल करके आप उसके बताए समय पर पहुँच जाएँ। प्रोजेक्ट की संशोधित रूपरेखा उसके सामने रखें और उसे बोलने का पर्याप्त अवसर दें। चूँकि अब आपने उसके सुझावों के आधार पर अपनी मूल परियोजना में फेर-बदल कर लिया है तो ये विचार अब और भी मजबूती के साथ उसी के हुए।

अब आप कह सकते हैं, 'सर, आपने जो और जैसा बताया उसी के आधार पर इसमें बदलाव किया गया है, आप स्वयं देख लें।'

विश्वास मानिए कि वह 'हाँ' कहेगा ही, क्योंकि उसके लिए आपका विचार उसका अपना विचार बन गया। आपकी इस

सफलता का रहस्य यह है कि आपने उसे खुलकर उसकी प्रतिक्रिया व विचार देने का अवसर दिया।

इसके विपरीत, यदि आप खुद अपने प्रोजेक्ट की प्रशंसा और खूबियों का बखान करने लगते, ज्यादा-से-ज्यादा बोलते और यह जाहिर करते कि आपने एक असाधारण प्रोजेक्ट तैयार किया है, तो अधिक संभावना यही होती कि वह उदासीनता के साथ आपको सुन तो लेता, मगर टाल देता। इसलिए ध्यान रहे, किसी को भी 'नहीं' कहने का अवसर मत दीजिए, क्योंकि हर व्यक्ति का अपना अभिमान होता है और एक बार अगर किसी के मुँह से 'नहीं' निकल गया तो चाहे वह प्रोजेक्ट 'सही हो या गलत', उसे वह आदमी अपनी प्रतिष्ठा से जोड़ लेता है और फिर उससे 'हाँ' कहलवाना लगभग असंभव होता है।

❑

क्या आप अच्छे श्रोता हैं, स्वयं को परखिए

लोक-व्यवहार में दक्ष होने के लिए समय-समय पर व्यक्ति को अपना निरीक्षण-परीक्षण भी करते रहना चाहिए। इसके लिए आप स्वयं से कुछ प्रश्न पूछें।

आत्मपरीक्षण के इस सिलसिले में सबसे पहले यह जानिए कि क्या आप एक अच्छे श्रोता हैं?

अच्छा वक्ता होना सफलता के लिए जहाँ एक विशेष गुण है, वहीं अच्छा श्रोता होना भी अत्यधिक आवश्यक गुण है। यह गुण सभी में नहीं होता। अगर यह गुण आप में नहीं है तो इसे उत्पन्न करना जरा मुश्किल तो है, किंतु असंभव बिलकुल नहीं है।

जैसा कि सर्वसिद्ध है कि आदमी अधिक-से-अधिक बातें अपने बारे में करना चाहता है। दूसरों से वह अधिक-से-अधिक यह उम्मीद रखता है कि वे उसे सुनें और उसकी बातों को स्वीकृति दें, उसका समर्थन करें।

जानते हैं, आप यह क्या कर रहे होते हैं?

इस तरह आप उस आदमी को इस बात के लिए प्रेरित कर रहे होते हैं कि वह एक बिंदु के बाद आपके बारे में बोले। आप उसे अवसर दें, अपने बारे में बोलने का, न कि आप स्वयं अपने

बारे में बोलें, क्योंकि आप कहीं भी क्यों न चले जाएँ, सुनने की यह जो विशेषता है, हर जगह सम्मान दिलाती है और दूसरों को सुनने की यह कला जीवन के हर क्षेत्र में महत्त्वपूर्ण है। जबकि अपने बारे में अधिक-से-अधिक स्वयं बोलना कहीं भी अच्छा नहीं माना जाता।

इस संदर्भ में किसी ने ठीक ही कहा है–

'सुनना सीखें। इससे आपको उन लोगों से भी लाभ होगा, जिन्हें ठीक तरह से बोलना तक नहीं आता।'

यदि आप मन लगाकर, धैर्यपूर्वक दूसरों को नहीं सुनते हैं तो आपकी यह प्रतिक्रिया बेहद अधकचरी होगी, उसमें तथ्य नहीं होगा, न कोई लाभ मिलेगा।

उदाहरण के लिए, नाटक में काम करनेवाले अभिनेताओं को ही लीजिए। अभिनय क्या है? संवाद क्या है? एक अंतर्क्रिया या इंटरेक्शन। अधिकतर होता यह है कि मंच पर जब एक से अधिक अभिनेता अभिनय कर रहे होते हैं तो एक अभिनेता का सारा ध्यान इस बात पर होता है कि उसका संवाद कहाँ से शुरू होना है, इसलिए वह दूसरे अभिनेता के संवाद के सिर्फ आखिरी शब्द को ध्यान में रखता है और इंतजार करता रहता है। जैसे ही वह आखिरी शब्द आता है, रंगमंच का अभिनेता अपना संवाद खटाखट बोलता चला जाता है और पूरा करके फिर चुप (भावशून्य सा) हो जाता है। आपने देखा होगा कि कई बार मंच पर तब एक अजीब सी स्थिति उत्पन्न हो जाती है, जब कोई अभिनेता अपना संवाद भूल जाता है और दूसरे का मुँह ताकने लगता है। कारण जानते हैं इसका?

इसका कारण यही है कि उनमें संवाद हुआ ही नहीं। सभी का ध्यान तो केवल इस बात पर केंद्रित था कि उनका संवाद कहाँ से शुरू होगा। उन्होंने एक-दूसरे को सुना ही नहीं। अगर वे एक-दूसरे को सुनते तो उन चरित्रों के आपसी भावनात्मक व्यवहार से वे स्वयं ही भीतर से प्रेरित होते और फिर उनके बीच में जो संवाद होता, सटीक तथा सार्थक संवाद होता, न कि अलग-अलग लोगों के वक्तव्य।

इसलिए दूसरों को ध्यान से सुनना जरूरी ही नहीं, अनिवार्य रूप से आवश्यक भी है। किसी विद्वान् ने कहा है-

'कुछ लोग इसलिए अच्छा प्रभाव नहीं छोड़ पाते, क्योंकि उनका पूरा ध्यान केवल इसी बात पर लगा रहता है कि उन्हें क्या बोलना है। अपने कान वे खुले रखते ही नहीं। वे सिर्फ और सिर्फ मुँह खोलना जानते हैं।'

आप दूसरों को सुनिए। उनसे प्रश्न कीजिए। उन्हें जताइए कि आपकी रुचि उनकी बातों में है। एकाग्रता से उनकी ओर देखिए। उनकी बात में तब तक रुकावट मत डालिए जब तक कि उनकी बात पूरी न हो जाए। सुनते समय उनकी ओर थोड़ा सा झुककर उनको देखिए। इससे उन्हें लगेगा कि आप सचमुच उनके एक-एक शब्द में रुचि ले रहे हैं। आपको रुचि लेता देखकर वे भी आप में रुचि लेने लगेंगे। क्योंकि हर क्रिया की प्रतिक्रिया अवश्य होती है।

❑

आप दूसरों के विचारों का सम्मान करना तो सीखें ही, साथ ही उसे प्रदर्शित भी करें। इससे आप पाएँगे कि दूसरे भी आपके विचारों का सम्मान करने लगे हैं।

–सूर्या सिन्हा

दूसरों के विचारों का सम्मान करें

लोक-व्यवहार में अपने से अधिक दूसरे के हितों एवं महत्त्व को ध्यान में रखना होता है। अपने अंदर झाँककर देखिए, क्या आप दूसरे के विचारों के प्रति सम्मान प्रदर्शित करने में उदारता बरतते हैं? जिस प्रकार पृथ्वी गोल है उसी प्रकार पारस्परिक व्यवहार भी दो इकाइयों की धुरी पर ही घूमता रहता है और वे दो धुरियाँ हैं—आप स्वयं और दूसरे लोग। अतएव परम आवश्यक है कि आप दूसरे के विचारों का सम्मान तो करें ही, उस सम्मान का प्रदर्शन भी करें।

एक बार नहीं, बार-बार यह सिद्ध हो चुका है कि व्यक्ति अपने महत्त्व की आकांक्षा को सबसे ऊँचा स्थान देता है। आपको इसी भावनात्मक स्थिति का सम्मान करते हुए दूसरे व्यक्ति से व्यवहार करके उसे प्रभावित करना है। इसका सबसे सरल तरीका यही है कि आप दूसरे अर्थात् सामनेवाले व्यक्ति के विचारों के प्रति समुचित सम्मान प्रदर्शित करें।

मान लीजिए कि आपका बॉस या आपका कोई सहकर्मी ऑफिस के कार्यों में रुचि नहीं ले रहा है। उसकी लापरवाही और उदासीनता से ऑफिस के काम सुचारु रूप से नहीं चल पा रहे हैं, जिसके कारण आपके सामने भी कुछ दिक्कतें आ रही हैं, तो सबसे पहले यह जानना जरूरी है कि आपके बॉस या

सहकर्मी की लापरवाही अथवा उदासीनता का कारण क्या है?

हो सकता है, आपका बॉस किसी पारिवारिक परेशानी में फँसा हो या कोई अन्य मसला उसे परेशान कर रहा हो। इस विकट स्थिति में व्यक्ति अपने मूल लक्ष्य से भटक जाता है।

तो इस समस्या से छुटकारा पाने का तरीका क्या हो?

आप अपने बॉस से बात करके पहले जानने का प्रयास करें कि उसकी परेशानी का क्या कारण है। अगर बॉस अपनी परेशानी का कारण बता दे तो आपको यह भी लग सकता है कि वह गलती पर है, परंतु ध्यान रहे, आपको अभी उनसे यह नहीं कहना है। बॉस के अपने बारे में उनकी अपेक्षाएँ जो कुछ भी हैं, उन्हें आप स्वीकारिए, दिल से स्वीकारिए। यदि वह बिजनेस को लेकर कोई नया प्लान सोच रहे हैं तो आप उन्हें बताइए कि यह बहुत ही अच्छी बात है। बिजनेस तो रबर की तरह लचीला होता है। इसे जितना फैलाओ उतना फैलता है। हर किसी को जीवन में और बेहतर करने और आगे बढ़ने के लिए उत्सुक होना ही चाहिए।

यदि आपका बॉस पारिवारिक परेशानियों में उलझा हुआ है तो आप कह सकते हैं, 'यह बिलकुल सही है कि घर में अगर शांति नहीं है या पत्नी से हमेशा विवाद चलता रहता है तो मन को शांत और एकाग्र रख पाना मुश्किल हो जाता है।' अब आप अपने बॉस की बात को मान्यता देते हुए बताएँ कि इन सभी बातों से आपके कार्य पर, आपकी कार्य-कुशलता पर भी प्रभाव पड़ता है।

उपर्युक्त बात कहते हुए बस इतना जरूर याद रखिए,

आपको यह बिलकुल नहीं कहना है कि उसकी परेशानी के कारण ऑफिस के कार्य पर प्रभाव पड़ रहा है। आप केवल यही कहें कि ऐसी स्थिति में कार्य-क्षमता प्रभावित होती है, तो निश्चित ही बॉस आपकी बातों को महत्त्व देगा। आपने उसकी कमजोरी व कमी को उसके सामने ला दिया, लेकिन अप्रत्यक्ष रूप से, न कि सीधे-सीधे। बात की बात हो गई और बॉस को बुरा भी नहीं लगा।

इसी प्रकार आप अपने सहकर्मी को भी सचेत कर सकते हैं।

❑

अपनाएँ अपने स्वभाव में हँसना-मुसकराना

सामनेवाले व्यक्ति से बात करते हुए जो चीज सबसे अधिक प्रभाव डालती है, वह है आपकी मुसकान।

अगर आप लोकप्रिय बनना चाहते हैं तो हँसने-हँसाने और मुसकराने की आदत को अपनाएँ। हँसमुख व्यक्ति न केवल स्वयं खुश और प्रसन्नचित्त रहता है, बल्कि दूसरों को भी खुश और प्रसन्नचित्त रखता है। ऐसे प्रसन्नचित्त व्यक्ति की ओर दूसरे लोग खुद-ब-खुद खिंचे चले आते हैं।

व्यावहारिक दृष्टि से भी ऐसे लोगों की आज ज्यादा आवश्यकता है, जो हमेशा खुश रहते हैं। व्यवसाय में भी ऐसे लोगों को तेजी से तरक्की करते देखा जा सकता है। याद रखें, घर-परिवार की प्रसन्नता और खुशहाली में आपके हँसने-हँसाने और मुसकराते रहने का विशेष योगदान होता है।

उदाहरण के लिए आप अपने बच्चे को लें। आपने उससे वादा किया था कि ऑफिस से घर लौटते हुए आप उसके लिए चॉकलेट लाएँगे। शाम को आप थके हुए थे, इसलिए चॉकलेट लाना भूल गए। बच्चा आपसे चॉकलेट माँगता है।

आप उसे देखकर मुसकराइए, वह आपसे फिर चॉकलेट माँगेगा। एक बार, दो बार, तीन बार, फिर वह मासूमियत भरी

नाराजगी दिखाते हुए झुंझलाएगा और कहेगा, 'पापा, क्या है, मैं आपसे चॉकलेट माँग रहा हूँ और आप मुसकराए जा रहे हैं। मुझे पता है, आप चॉकलेट नहीं लाए हैं।'

आप उसे गोद में लेकर मुसकराते हुए कहिए, 'सॉरी बेटा, अपने बेटे के लिए चॉकलेट लाना आज मैं भूल गया।' अब आप उसे प्यार कीजिए।

जानते हैं क्या होगा?

वह थोड़ा सा मुँह फुलाकर अपनी नाराजगी प्रकट करेगा, फिर आपको प्यार से दंड सुनाते हुए कहेगा, 'कल मैं दो चॉकलेट लूँगा।'

आप फौरन 'हाँ' कह देते हैं। खुश होकर बच्चा आपसे पूछता है, 'पापा, आपके लिए पानी लाऊँ?'

अब तो पापा भी खुश, पापा का लाड़ला भी खुश।

इसके विपरीत, बेटे के यह पूछते ही कि पापा, आप मेरे लिए चॉकलेट लाए हैं? आप अपने चेहरे की नसों को तानकर, मुँह बिगाड़कर कर्कश आवाज में उसे डाँट देते हैं। यह व्यवहार एक बार नहीं, बार-बार करते हैं, तो जानते हैं क्या होगा?

होगा यह कि बच्चा आपसे सदा के लिए कट जाएगा। उसकी दृष्टि में आपकी छवि प्यार करनेवाले पापा की न रहकर एक गुस्सैल, बददिमाग और बदमिजाज पिता की बन जाएगी।

मात्र बच्चा ही नहीं, घर के दूसरे सदस्य या कोई बाहरी व्यक्ति, जो आपके इस व्यवहार को देख रहा होगा, उसकी नजरों में भी आप गिर जाएँगे।

याद रखिए, कोई आपका हमेशा फूला रहनेवाला मुँह, तनी

हुई भौंहें, सिकुड़े होंठ और चढ़ी नाकवाला विकृत चेहरा देखना पसंद नहीं करता। कहा भी गया है कि मुसकान में क्रोध से ज्यादा शक्ति होती है।

मुसकान से आप सामनेवाले को ऊर्जा से भरते हुए प्रोत्साहित कर रहे होते हैं, जबकि तने हुए चेहरे से आप सामनेवाले को नकारने का, उसे दंडित करने जैसा आभास देते हैं। इससे यह गलत संदेश भी जाता है कि आप उसे पसंद नहीं करते अथवा वह आपके लिए महत्त्वहीन है। और यह तो स्वाभाविक बात है कि हर व्यक्ति नकारे जाने और दंडित किए जाने की तुलना में स्वीकार किए जाने तथा प्रोत्साहन पाने को ही अधिक महत्त्व देगा।

अतः ध्यान रखें, जब भी आप किसी से रूबरू हों, तो मीठी मुसकान से उसका स्वागत करें, मुसकराते हुए अपनी बात कहें, उसकी बात सुनें और फिर उसका जबरदस्त प्रभाव देखिएगा। वह हमेशा-हमेशा के लिए आपका अपना बन जाएगा।

❑

सोच-विचारकर करें किसी की आलोचना

जीवन में कई बार ऐसी परिस्थितियाँ पैदा हो जाती हैं जब हमें किसी की आलोचना करनी पड़ती है। आपको लगता है कि आप ठीक हैं और उसकी आलोचना भी उचित कर रहे हैं, मगर जरा रुकें।

क्या आप जानते हैं कि आलोचना करने का भी एक ढंग होता है?

आलोचना सदा स्वस्थ हो, वह ईर्ष्या और द्वेष से भरी न हो।

दूसरों की आलोचना करने से पहले अपने दोषों, गलतियों पर भी दृष्टिपात करें।

किसी भी व्यक्ति में केवल दोष-ही-दोष नहीं हो सकते, कोई-न-कोई गुण सभी में होता है। अतः आप जिसकी आलोचना करने जा रहे हैं, पहले उसके सभी गुणों की प्रशंसा करें।

उदाहरण के लिए, आप किसी लंबी बीमारी से ग्रस्त हैं और इलाज के लिए किसी प्रतिष्ठित डॉक्टर के पास जाते हैं। वहाँ आप देखते हैं कि डॉक्टर बहुत ही सख्त मिजाज है। खैर, वह आपका चेकअप करके दवाएँ लिख देता है, किंतु इतने से ही आपकी संतुष्टि नहीं होती। आप चाहते हैं कि आप डॉक्टर

को अपने रोग के बारे में विस्तार से बताएँ और वह भी आपको समय व महत्त्व दे तथा ध्यानपूर्वक आपकी बात सुने, मगर होता इसके एकदम उलट है। ज्यों ही आप कुछ बोलने का प्रयास करते हैं, वह आपको डाँट देता है कि आप व्यर्थ में उसका समय खराब कर रहे हैं। साथ ही वह आपका परचा एक ओर पटककर कहता है, 'जाओ, दवाएँ खाओ, ठीक हो जाओगे।' इतना ही नहीं, झुँझलाकर वह आपको जाहिल और गँवार तक कह देता है और फिर किसी दूसरे मरीज को अपने कक्ष में बुलाकर उसे देखने में व्यस्त हो जाता है।

डॉक्टर के इस व्यवहार से आपको गहरी ठेस पहुँचती है। आप अपनी बीमारी से परेशान होकर बड़ी आशाएँ लेकर उस डॉक्टर के पास गए थे, परंतु उसने आपकी पूरी बात नहीं सुनी।

ऐसे में आपका मन करता है कि आप डॉक्टर को बुरा-भला कहें और दूसरे मरीजों के सामने उसके व्यवहार की आलोचना करें; लेकिन याद रहे, आपको ऐसा बिलकुल नहीं करना है। आप संयम रखें और संकल्प लें कि आप डॉक्टर को उसके गलत व्यवहार के प्रति सचेत तो करेंगे, मगर एक स्वस्थ आलोचक की तरह।

दूसरी बार जब आप डॉक्टर के पाए जाएँ तो उसे अहसास ही न होने दें कि आप उसके पूर्व में किए गए व्यवहार से आहत हुए थे। इस बार आप धीरे से मुसकराकर अपनी बात आरंभ करें। उसे बताएँ कि उसने अपनी क्लीनिक में विभिन्न बीमारियों के जो सूचनात्मक पोस्टर लगा रखे हैं, वे भयंकर बीमारियों के प्रति सचेत रहने में लोगों का काफी मार्गदर्शन करते हैं और

इसका मरीजों पर सीधा एवं सकारात्मक प्रभाव पड़ता है।

आप उसे यह भी बताएँ कि वह वास्तव में एक योग्य डॉक्टर है और चिकित्सा जगत् में उसकी काफी प्रतिष्ठा है, बहुत सम्मान है, लोग उसे नवजीवन देनेवाले ईश्वर जैसा दर्जा देते हैं। इसके विपरीत, स्वयं के विषय में आप उसे बताएँ कि आपने जीवन में स्वास्थ्य के प्रति बेहद लापरवाहियाँ बरती हैं। आपने कभी किसी की सलाह नहीं मानी और हमेशा मनमानी करते रहे हैं। इसी का परिणाम है कि आपको यह सब भुगतना पड़ रहा है। यह सब सुनकर सख्त मिजाज डॉक्टर को अच्छा लगेगा और वह आपकी बातों में रुचि लेने लगेगा। अब आप डॉक्टर से कह सकते हैं कि उस दिन आप अपने रोग से संबंधित उससे बात करना चाहते थे, क्योंकि आपका मानना है कि डॉक्टर को धैर्य से मरीज की बात सुननी चाहिए और उस दिन उसके द्वारा बात सुनने से मना कर दिए जाने पर आपके दिल को ठेस पहुँची थी। डॉक्टर से आप यह भी कहिए कि घर जाकर अकेले में जब आपने अब तक के अपने पूरे जीवन के बारे में सोचा तो आपको अपनी गलतियाँ इतनी बड़ी लगीं कि उनके सामने डॉक्टर का आपकी बात सुनने से इनकार कर देना कुछ भी नहीं खला।

याद रहे, बात करते या कहते समय आपको चेहरे पर लेशमात्र भी तनाव नहीं लाना है, बल्कि एक हलकी मुसकान भी होंठों पर सजाए रखनी है।

जानते हैं, इस तरह आपने क्या किया?

आपने उस डॉक्टर को उसकी गलती बता दी।

उसके व्यवहार की आलोचना भी की, लेकिन उसकी

खूबियों का बखान करने के साथ।

इसका परिणाम यह होगा यह कि डॉक्टर स्वयं अहसास करेगा कि वास्तव में उस दिन उसने आपके साथ अच्छा व्यवहार नहीं किया था। हो सकता है कि उस दिन के अपने व्यवहार के लिए वह खेद भी व्यक्त करे।

अब डॉक्टर आपकी बात भी निश्चित रूप से सुनेगा, परंतु यदि आप उसी दिन अड़ बैठते और कह देते कि वह बहुत बदतमीज आदमी है, आप तो उसका नाम सुनकर आए थे, मगर आकर पछता रहे हैं, तो इससे क्या हासिल कर लेते आप?

कुछ भी नहीं, बल्कि आज तक अपनी बीमारी से ही जूझ रहे होते।

एक बात और ध्यान रखें कि आलोचना नितांत एकांत में, जब आप और वह ही हों, कोई तीसरा न हो, तब करें। यह भी ध्यान रखें कि किसी की आलोचना सिर्फ एक बार करें, बार-बार नहीं।

❑

किसी भी व्यक्ति की पहचान और उसका नाम उसके लिए सबसे प्रिय है और ऐसे में यदि आप उसका नाम लेकर उसे बुलाते हैं तो उसे लगता है कि आपने उसे अभी तक याद रखा है और आपकी नजरों में वह निश्चित ही महत्त्वपूर्ण है।

—सूर्या सिन्हा

हमेशा याद रखें दूसरों के नाम

दूसरों का नाम याद नहीं रख पाना अपने आप में बहुत बड़ा दोष है। दोष यह है कि आप दूसरों की उपेक्षा करते हुए, उसे महत्त्वहीन मानते हुए न तो उनके नाम पर ध्यान देते हैं और न ही उन्हें अपने मस्तिष्क में अंकित करने का प्रयास करते हैं। इसके लिए न तो आपके पास समय होता है और न ही उनमें आपकी रुचि होती है।

यदि इस विषय (दोष) की ओर आपका ध्यान आकृष्ट किया जाए, तो आपका संभावित उत्तर कुछ इस प्रकार होगा, 'अरे छोड़िए भी, जीवन में इतनी अधिक व्यस्तताएँ हैं कि ऐसी छोटी-छोटी बातें याद रख पाना कहाँ संभव है। अपना काम ही ऐसा है कि रोजाना कई लोग मिलते हैं, किस-किसके नाम याद रखें।'

दोस्तो, एक कुत्ते का भी यदि आप नाम रख देते हैं–कुत्ते का ही क्यों, किसी भी जानवर का जब आप कोई नाम रख देते हैं और उसे बार-बार उसी नाम से पुकारते हैं, तो वही नाम उसकी पहचान बन जाता है, फिर आदमी की तो बात ही अलग है।

यदि आप किसी ऐसे व्यक्ति से, जिससे आप पहले भी कई बार मिल चुके हों, इस प्रकार बात करें, 'आइए-आइए,

माफ कीजिए, आपका नाम मुझे याद नहीं आ रहा है', तो मानिए, आप उसकी भावनाओं को आहत कर रहे हैं। दरअसल, नाम उसकी व्यक्तिगत पहचान है और उसे याद न रखकर आपने उसकी पहचान को नकारा है। उसके 'होने' की उपेक्षा की है।

व्यक्ति की पहचान, उसका नाम, उसके लिए संसार का सबसे मधुर और प्रिय शब्द होता है। जब आप किसी का नाम लेकर उसे बुलाते हैं तो उसे लगता है कि आपने उसे याद रखा है और आपकी नजरों में निश्चित ही उसका कोई महत्त्व है।

नाम याद रखने के क्रम में हम एक काम और भी कर सकते हैं। वह यह कि हम एक ऐसी डायरी बनाएँ, जिसमें सभी के नामों के साथ-साथ उनके टेलीफोन नंबर भी हों। संबंधों को जीवंत बनाए रखने के लिए अति आवश्यक है कि समय-समय पर आप सभी का हाल-चाल पूछने के लिए, औपचारिकता के तौर पर ही सही, कर्टसी कॉल करते रहें।

टेलीफोन के बारे में एक बात कही गई है कि जिस दिन हम बिना मतलब के फोन करना बंद कर देते हैं, उसी दिन से हम अपने रिश्तों पर विराम लगाना शुरू कर देते हैं। संबंधों में गरमाहट तभी तक बनी रहती है जब तक हम स्वार्थ और हित से ऊपर उठकर दूसरों से जुड़े रहने की, उनके बारे में चिंतित होने और उनके बारे में सोचने की ललक रखते हैं। लोगों के जन्मदिन, विवाह की सालगिरह या उनसे जुड़े ऐसे ही विशिष्ट अवसरों को आप नोट करके रखें। उन्हें विशेष अवसरों पर फोन करके बधाई दें। उनके बच्चों के जन्मदिन अथवा उनके द्वारा कुछ उपलब्धियाँ प्राप्त करने के विशेष अवसरों पर भी बधाई दें। कभी-कभी यों

ही फोन करके कहिए, 'आपकी याद आ रही है। बहुत दिन हो गए आपसे बातें किए। आपके बारे में कोई खबर नहीं मिली तो सोचा, आपको फोन ही कर लूँ।'

कभी-कभी यह भी होता है कि आप किसी परिचित को फोन नहीं कर पाते और लंबे अंतराल के बाद अचानक एक दिन उसका फोन आ जाता है। आपको उस समय कहना चाहिए, 'सच मानिए, आपकी बहुत याद आ रही थी और मैं स्वयं आपको फोन करने की सोच रहा था।'

विश्वास मानिए, ये बातें छोटी अवश्य हैं, लेकिन दिल पर असर बहुत गहरे तक करती हैं। ऐसा भी नहीं होना चाहिए कि टेलीफोन आप सिर्फ उन्हीं लोगों को करें, जो आपसे लंबे अरसे से जुड़े हों। जो व्यक्ति आपसे पहली बार ही मिला हो, उसके प्रति भी आपको प्रेम और आत्मीयता का व्यवहार व प्रदर्शन करना चाहिए। ठीक उसी प्रकार जिस प्रकार आप लंबे समय से संबंध रखनेवाले अपने मित्रों के साथ करते हैं। आजकल अधिकांश लोगों के पास फोन हैं, अत: जिस किसी से भी मिलें उससे फोन नंबर का आदान-प्रदान अवश्य करें। विश्वास मानिए, जब आप उसे उसके नाम से फोन करेंगे तो वह इस बात पर गर्व महसूस करेगा कि आपने उसे याद रखा है और यह सिर्फ याद रखने का ही मामला नहीं होता। जब आप अपने निजी सरोकारों से ऊपर उठकर दूसरों को फोन करते हैं और उनके बारे में पूछते हैं या आत्मीयता प्रकट करते हैं तो आप अपने संपर्कों को जीवंतता प्रदान कर रहे होते हैं। ऐसे में लोग आपके साथ होते हैं और तब आप जान पाते हैं कि आपको इन संपर्कों से क्या प्राप्त हुआ।

सच मानिए, संबंधों में जोश, गरमाहट एवं जीवंतता बनाए रखने के फलस्वरूप जो कुछ भी हासिल होता है, वह अनमोल होता है।

❑

दूसरों पर विश्वास करनेवाले उन लोगों से कम गलतियाँ करते हैं, जो दूसरों पर अविश्वास करते हैं।

—सूर्या सिन्हा

दूसरों का विश्वास जीतें

दूसरों का विश्वास जीतना आसान काम नहीं होता।

विश्वास जीतना लोक-व्यवहार की कला का महत्त्वपूर्ण गुण है।

कैसे बनाएँ लोगों को अपना? ऐसा क्या करें कि लोग आप पर विश्वास करें?

दोस्तो, इसका एक बहुत ही आसान तरीका है। बशर्ते उस पर आप अमल कर पाएँ तो।

इस तरीके का पहला सिद्धांत यह है कि आप जो कुछ भी अपने बारे में स्थापित करना चाहते हैं या मनवाना चाहते हैं, उसे सीधे-सीधे न कहें।

मान लीजिए कि आप तैराकी का अच्छा प्रशिक्षण दे सकते हैं और इसी को आप अपना व्यवसाय बनाना चाहते हैं, तो क्या यह तरीका सही होगा कि आप प्रचार करते फिरें कि आप देश-दुनिया के बेहतरीन तैराकी प्रशिक्षक हैं?

जी नहीं।

सही तरीका यह है कि जो लोग आपसे तैराकी सीख चुके हैं, अप्रत्यक्ष रूप से आप उनका इस्तेमाल करें।

यदि कोई आकर आपसे पूछता है कि आप अच्छे प्रशिक्षक हैं, इसका क्या प्रमाण है और हम कैसे मानें?

प्रश्न महत्त्वपूर्ण है और सीधा भी।

अब आप क्या करेंगे?

बजाय इसके कि आप कहें, 'हाँ, मैं कुशल प्रशिक्षक हूँ, आप स्वयं आजमाकर देख लें।' आपको कहना चाहिए, 'अमुक व्यक्ति मेरे पास आया था, उसने मुझसे तैराकी सीखी। मैंने सुना है कि वह कहता है कि मेरे प्रशिक्षण से उसे काफी लाभ हुआ है। आप चाहें तो उससे पूछ सकते हैं।'

आप यह भी बता सकते हैं कि आपसे तैराकी सीखते समय डूबने की बात तो दूर, आज तक कोई भी पूर्णरूप से तैराकी सीखने से पूर्व गहरे पानी में जा भी नहीं पाया, क्योंकि आप व्यक्तिगत रूप से उसमें रुचि लेकर पूरे समय वहाँ उपस्थित रहते हैं। कभी कोई अप्रिय घटना न हो जाए, इसलिए तैराकी सिखाते समय आप अपने शिष्यों की गतिविधियों एवं उनकी तैराकी पर पूरा ध्यान रखते हैं।

तैराकी सीखने के लिए लड़कियाँ भी आती हैं। उनके अभिभावक निश्चय ही उनकी सुरक्षा का प्रश्न मन में रखकर आपके चरित्र को टटोलने की कोशिश करेंगे। ऐसे में आप यह कहने के बजाय कि मैं दूध का धुला हुआ और चरित्रवान् इनसान हूँ, यही बात जरा इस ढंग से कहिए–

'पिछली बार जो लड़कियाँ यहाँ से सीखकर गई हैं, उनका कहना है कि यहाँ उन्हें बहुत ही अच्छा वातावरण मिला, जिस कारण वह अच्छी तैराकी सीख सकीं।'

आप सामनेवाले को बता सकते हैं कि आपने वास्तव में उनके साथ योग्य गुरु की भाँति व्यवहार किया और शिष्याओं के

प्रति अतिरिक्त सतर्कता बरती। ठीक वैसे ही जैसे कि माता-पिता या अभिभावक अपने बच्चों, खासतौर पर लड़कियों के लिए बरतते हैं।

दरअसल, जब आप सीधे-सीधे अपने बारे में स्वयं बोलते हैं तो लोग आपके दावे की सत्यता पर शंका करने लगते हैं, लेकिन जब वही बात किसी अन्य माध्यम से उन तक पहुँचती है तो वे उस पर सहज ही विश्वास कर लेते हैं। यह एक विचित्र मनोविज्ञान है।

आपको अपना मकान किराए पर देना है या आप कोई सेल्समैन हैं। आप नौकरी के लिए कहीं साक्षात्कार देने जा रहे हैं या स्वयं किसी व्यक्ति को नौकरी पर रखना चाह रहे हैं, जीवन के हर क्षेत्र में प्रयास यह कीजिए कि आपके लिए कोई दूसरा ही बोले। सीधे वक्तव्य से बचते हुए अप्रत्यक्ष रूप से किसी अन्य का हवाला दें। आप स्वयं महसूस करेंगे कि लोगों का विश्वास आप पर बढ़ता जा रहा है।

❑

दूसरों को प्रोत्साहित करना सीखें

दोस्तो, दूसरों को प्रभावित करने के लिए, उनके दिलों में अपने प्रति विश्वास पैदा करने के लिए यह बेहद जरूरी है कि वे आपको अपना मानें, अपना हित-चिंतक समझें। इसके लिए यह जरूरी है कि हम दूसरों का मनोबल बढ़ाएँ, उन्हें प्रोत्साहित करें। यह नुस्खा काफी असरदार साबित होता है। ऐसा करने पर आप पाते हैं कि उन पर आपके व्यक्तित्व का चामत्कारिक प्रभाव पड़ रहा है। यह भी ध्यान रखें कि आप अपने विचारों को प्रभावशाली ढंग से दूसरों के सामने रखें।

मान लीजिए कि आप अध्यापक हैं। आपकी कक्षा में अच्छे-बुरे, तीव्र बुद्धि, मंद बुद्धि सभी तरह के छात्र होंगे। अच्छे और प्रतिभावान् छात्रों को सभी पसंद करते हैं। ऐसी स्थिति में यदि आपका सारा ध्यान उन्हीं छात्रों पर रहता है, जो पढ़ने-लिखने में तेज हैं। इसके ठीक उलट, यदि आप उन छात्रों के प्रति उदासीनता अथवा उपेक्षा का भाव रखते हैं, जो पढ़ने-लिखने में तेज नहीं हैं तो आपको मालूम होना चाहिए कि आप उन छात्रों का मनोबल गिरा रहे हैं।

वे छात्र, जो पढ़ने-लिखने में अच्छे हैं, उन पर आपके प्रोत्साहन देनेवाले शब्दों का असर तो होगा, परंतु उन्हें यह भी मालूम होता है कि वे स्वयं इस योग्य हैं कि आपको उनकी

प्रशंसा करनी ही होगी। हो सकता है कि विद्यालय छोड़ने के बाद वे आपको उतनी गहराई से याद न रख सकें, जबकि दूसरी ओर वे छात्र, जो पढ़ाई में कमजोर हैं, अगर आप उन्हें थोड़ा सा भी प्रोत्साहन दें तो उनमें यह भावना जागेगी कि आप उनके भविष्य एवं हितों के प्रति गंभीरता से सोच रहे हैं। अतः वे आप पर विश्वास करने के लिए तैयार होंगे। आप अपने छात्रों से उनके विषय में बातें करें, उनकी कमजोरियाँ खोजें और उनको सुधारने के उपाय बताएँ। उन्हें बताएँ कि यदि वे अपने फलाँ-फलाँ दोषों अथवा फलाँ-फलाँ कमियों को दूर कर लें तो इससे उनके जीवन पर कितना अच्छा प्रभाव पड़ेगा। उन्हें बताएँ कि इससे कैसे उनके सम्मान में वृद्धि होगी और कैसे उनकी अच्छी छवि बनेगी, कैसे उनका भविष्य सँवरेगा। जल्दी ही आप देखेंगे कि वे इस दिशा में पूरी ईमानदारी से प्रयास करने लगे हैं।

उनके कार्य अथवा व्यवहार में थोड़ा सा भी सुधार आने पर आप उनकी प्रशंसा करें, उनका उत्साह बढ़ाएँ।

यदि कोई छात्र निबंध नहीं लिख पाता था और अब उसने इस दिशा में प्रयास करके दो-चार शब्द लिख लिये हैं, तो उसकी प्रशंसा करें, न कि उसे डाँटे या उपहास करें।

ऐसे विद्यार्थी के प्रत्येक सुधार पर उसकी प्रशंसा करें और उसे बताएँ कि यदि वह चाहे तो बहुत कुछ कर सकता है। कोई भी बच्चा अपनी माँ के पेट से सीखकर नहीं आता। गुरुजनों के दिशा-निर्देशन में ही बच्चा शिक्षा पाता है, शिक्षा की उसी ठोस जमीन पर खड़ा होकर अपना भविष्य सँवारता और जीवन को सही तरीके से जीने का सलीका सीखता है।

आप उसे विश्वास दिलाएँ कि उसमें सफल होने और शिखर पर पहुँचने की ताकत और योग्यता है। इस प्रकार आप उसे एक अलग छवि, एक अलग इमेज देते हुए, उसमें उस छवि को बरकरार रखने की ललक पैदा कर रहे होते हैं। यदि कोई छात्र बिलकुल भी कुछ नहीं कर पा रहा है तब भी, चाहे झूठे ही सही, आप उससे ढाढ़स बढ़ानेवाले दो शब्द कहकर उसके उत्साह को बल दे रहे होते हैं। आप कह सकते हैं, 'अरे, तुमने तो बहुत अच्छा किया।' जबकि आप जानते हैं कि उसने कुछ विशेष नहीं किया है। ऐसा कहकर आप उसके दिल में भी अपने लिए सम्मान की भावना उत्पन्न कर रहे होते हैं।

जब आप अपने छात्रों के छोटे-से-छोटे सुधार की भी प्रशंसा करते हैं, कई बार सिर्फ दिल रखने के लिए ही प्रोत्साहन के शब्द कहते हैं और किसी को एक विशेष छवि प्रदान कर रहे होते हैं, तो आप उसका विकास करने के साथ ही उसके विश्वास को भी मजबूती प्रदान कर रहे होते हैं। यह विश्वास ज्यों-ज्यों मजबूत होता जाता है त्यों-त्यों वह आपका अपना होता जाता है।

❑

अपने व्यवहार में यदि आपने सरलता, रोचकता व विनम्रता को शामिल कर लिया तो आप समझिए कि आपने सफलता की पहली सीढ़ी पर कदम रख दिया है।

—सूर्या सिन्हा

अपनी बातों में सरलता व रोचकता पैदा करें

अब प्रश्न यह है कि आप अपनी बात को कैसे प्रभावशाली तरीके से कहें कि लोगों की उसमें रुचि पैदा हो। यह तो आप मानेंगे ही कि किसी बात को आप जितना अधिक रोचक तरीके एवं सरलता से, आम बोलचाल की भाषा में कहेंगे, लोगों की उसमें उतनी ही रुचि होगी। शोमैनशिप की इस दुनिया में केवल सच कहना ही काफी नहीं होता, बल्कि उसकी प्रस्तुति का तरीका भी बेहतरीन होना चाहिए।

जब कभी आप अपनी बात को किसी के सामने रखें तो कोशिश करें कि उसमें स्पष्ट बयानी की बोझिलता और रूखापन न होकर एक मधुर और यदि संभव हो तो थोड़ा नाटकीयता का पुट भी होना चाहिए। अपने विचारों की इस नाटकीय एवं रोचक प्रस्तुति को आप जीवन के किसी भी क्षेत्र में सफलता से इस्तेमाल कर सकते हैं।

बातचीत की कला पर मैंने एक पुस्तक 'आओ बनें सफल वक्ता' लिखी है। इस पुस्तक को पढ़कर आप भी अच्छे वक्ताओं के गुर सीख सकते हैं और लोगों के दिल जीत सकते हैं।

याद रखिए, व्यक्ति का नैसर्गिक स्वभाव है–नीरसता से सरसता की ओर जाना। जब आप अपने विचार दूसरों के सामने

रखें तो ध्यान रखें, नीरस तथ्यों को भी सरस और रोचक बनाने की कला आपको आनी चाहिए। इसी कला के बल पर आप दूसरों के दिलो-दिमाग में अपनी आकर्षक व अमिट छवि बना सकते हैं। इस प्रकार लोग आपकी बातों से प्रभावित होकर आपके अपने बन जाएँगे।

❑

मिलनसारिता, विनम्रता और ईमानदारी आपके व्यवहार की वह सीढ़ी है, जो आपको जीवन में इतना ऊपर उठा देती है कि आप अपनी उस ऊँचाई की कल्पना भी नहीं कर सकते।

–सूर्या सिन्हा

अपने शब्दों और वाणी पर नियंत्रण रखें

आप अपनी बात को रोचक, नाटकीय और प्रभावशाली ढंग से पेश करने को तो तैयार हैं, पर वाणी पर आपका नियंत्रण नहीं है, तो इससे भी कोई लाभ होनेवाला नहीं है। अपनी बात कहते समय हमेशा ध्यान रखें कि शब्दों और वाणी पर आपका पूर्ण नियंत्रण हो और आपकी बात दूसरे को भली लगे। ऐसा न हो कि सामनेवाला आपकी बात सुनकर भड़क या बिदक जाए और आपका बनता काम बिगड़ जाए।

महाभारत के विषय में सभी जानते हैं। द्रौपदी के मात्र एक व्यंग्य 'अंधे का पुत्र अंधा।' ने महाभारत जैसे महासंग्राम को जन्म दिया और इस युद्ध में जन-धन की कितनी हानि हुई, पौराणिक इतिहास इस बात का साक्षी है।

दरअसल, द्रौपदी दुर्योधन को पसंद नहीं करती थी। इसीलिए एक दिन तेज धूप के कारण जब पृथ्वी पर सूर्य की किरणों के परावर्तन (रिफ्लेक्शन) से जल का भ्रम पैदा हुआ तो भ्रमित होकर दुर्योधन ने समझा कि आगे पानी है। अतः उसने अपनी धोती घुटनों तक ऊपर उठा ली, ताकि वह पानी में भीग न जाए। द्रौपदी इस पूरे घटनाक्रम को देख रही थी। दुर्योधन (वास्तविक नाम सुयोधन) के प्रति उसके मन में पहले से रोष भरा था। इसी

रोष के चलते वह स्वयं पर नियंत्रण नहीं रख पाई और हृदय में तीर की तरह चुभनेवाला यह वाक्य उसके मुँह से निकल गया–'अंधे का पुत्र अंधा।' इसी मामले को यदि वह भ्रम की स्थिति में उत्पन्न एक स्वाभाविक घटना मान लेती तो कुछ भी नहीं होता। लेकिन दुर्योधन पर किया गया द्रौपदी का यह व्यंग्यपूर्ण कटाक्ष आगे चलकर कितना विनाशकारी साबित हुआ, यह हम सभी जानते हैं।

एक छोटी सी कहानी और है–

एक बादशाह के पास एक बुद्धिमान् गुलाम था। बादशाह ने एक दिन उससे पूछा, 'दुनिया में सबसे बेहतरीन क्या है?'

गुलाम ने जवाब दिया, 'हुजूर, जुबान।'

बादशाह ने फिर पूछा, 'और सबसे बदतरीन चीज क्या है?'

गुलाम ने फिर कहा, 'हुजूर, जुबान।'

दोनों प्रश्नों का एक ही उत्तर सुनकर बादशाह हैरान हुआ। उसने पूछा, 'क्या यह मुमकिन है कि दुनिया में एक ही चीज सबसे बेहतरीन भी हो और बदतरीन भी?'

'हुजूर', गुलाम बोला, 'अगर हम जुबान से अच्छा व मीठा बोलते हैं और सबके हक की बात करते हैं तो दुनिया में हम सबका प्यार और इनामो-इकराम पाते हैं। इसी जुबान से अगर कड़वा बोलते हैं तो लानत-मलामत मिलती है। इसी जुबान की वजह से फाँसी के फंदे से भी लटक जाना पड़ता है। इसलिए यह दुनिया की बेहतरीन शय है और बदतरीन शय भी।'

गुलाम के जवाब से बादशाह इतना खुश हुआ कि उसने उसी वक्त उसे आजाद कर दिया।

बेशक, यह जुबान ही है, जो इज्जत दिलाती है और जिल्लत भी।

दूसरों के मन में अपने प्रति प्रेम और सम्मान उत्पन्न करने के लिए हमेशा अच्छा बोलें। कहा भी गया है कि वही व्यक्ति बुद्धिमान् है, जो क्रोधावस्था में भी गलत नहीं बोलता। अतः बोलने से पहले सोच लें कि आप किसे और क्या बोलने जा रहे हैं।

मुँह से निकली बोली और बंदूक से निकली गोली कभी वापस नहीं आती। इसलिए पहले सोचें, समझें, तौलें और फिर बोलें। बोलें भी तो ऐसा, जिसमें आपकी बात के साथ-साथ प्यार का संदेश भी हो। बेशक सीधे-सीधे न सही, पर आपके हर वाक्य से अवश्य प्रकट हो कि आप उसे अपना मानते हैं।

प्यार से प्यार पैदा होता है, इसलिए प्यार बाँटते चलिए, प्यार पाते चलिए। कुछ ही समय में आप देखेंगे कि आपके लिए हर जगह प्यार-ही-प्यार है, हर जगह चाहत-ही-चाहत है, मान है, सम्मान है।

❑

बनें मिलनसार

कुछ लोग केवल अपने आप में मस्त रहते हैं। पड़ोस में क्या हो रहा है, इसकी भी उन्हें कोई फिक्र नहीं होती। जबकि इनसान होने के नाते उन्हें चाहिए कि अपने आस-पास का भी खयाल रखें। पड़ोस में कोई बीमार है तो उसे देखने जाएँ।

कुछ लोग सोचते हैं कि अगर बीमार पड़ोसी को देखने चले भी गए तो हम क्या कर लेंगे। उसे तो बहुत खतरनाक संक्रामक बीमारी है। कहीं वह बीमारी हमें न लग जाए। ऐसे लोग अपने आपको सामाजिक मेल-जोल से बचाए रखना चाहते हैं। जबकि उनकी स्वयं के प्रति अपनी इच्छा यह होती है कि यदि उन पर कभी कोई मुसीबत या बीमारी आए तो सभी जान-पहचानवाले और रिश्तेदार उनके घर आएँ, उनका हाल-चाल पूछें और उनसे सहानुभूति दिखाएँ।

आप भी ऐसा चाहते हैं तो सबसे पहले आपको मिलनसार बनना होगा। अगर आप दूसरों के दुःख में शामिल होकर सहानुभूति दिखाते हैं तो आप अच्छे और दूसरों के सुख-दुःख में काम आनेवाले इनसान के रूप में जाने जाएँगे। दूसरे लोग भी आपके दुःख-सुख में आपके साथ होंगे, इसलिए हमेशा सबसे मिलनसार व्यवहार बनाए रखें।

यदि आपका स्वभाव अड़ियल और रूखा है तो कहीं भी

उसका अच्छा असर नहीं पड़ेगा।

यदि आप चाहते हैं कि लोग आपके सुख-दुःख को अपना सुख-दुःख समझें तो जुबान में मिठास, व्यवहार में नम्रता हमेशा बनाए रखें और किसी को भी अपने से कमतर न समझें। इसके लिए इन दो बातों पर ध्यान देना भी आवश्यक है-क्रोध पर नियंत्रण और आत्मसंयम।

मान लीजिए, आप किसी रेस्त्राँ में बैठे हैं और अचानक वेटर के हाथ से प्लेट फिसल जाती है। परिणामतः आपके कपड़ों पर कोक, सब्जी, कॉफी या कुछ अन्य गिर जाता है तो आप क्या करेंगे?

आमतौर पर होता यह है कि, चूँकि आप पैसा देनेवाले होते हैं और वेटर सेवा देनेवाला, तो मनोवैज्ञानिक रूप से यों भी स्वयं को उससे बड़ी हैसियत में रखते हैं और आपकी जुबान बार-बार यह कहने को उतावली रहती है कि मैं पैसा दे रहा हूँ या आई एम पेइंग फॉर योर सर्विस। इससे ऐसा लगता है कि आप जो पैसा देंगे, उसके बदले आपने उसे खरीद लिया है। आप वेटर पर क्रोध कर बैठते हैं। उसे नॉनसेंस, बदतमीज, जाने क्या-क्या कह जाते हैं और अगर मैनेजर आकर आपको समझाने की कोशिश करता है तो चार बातें उसे भी सुना देते हैं, 'मेरे कपड़ों का क्या होगा? इनकी ड्राइक्लीनिंग का पैसा क्या तुम्हारा बाप देगा? कैसे बेहूदा लोग रखे हुए हैं, जिन्हें प्लेट पकड़ने की भी तमीज नहीं है!' और भी न जाने क्या-क्या आप कह डालते हैं। यह सारा जहर उगलने से पहले जरा सोचिए, वेटर ने प्लेट क्या जान-बूझकर आपके कपड़ों पर उलटी थी?

अगर आप अपने विवेक का इस्तेमाल करें और यह सोचने का थोड़ा सा कष्ट कर लें तो आपको स्वयं से उत्तर मिलेगा, नहीं।

उसके बाद आप सोचने लगेंगे कि कहीं ऐसा तो नहीं कि उसका पैर उलझ गया हो या किसी और वजह से उसका संतुलन बिगड़ गया हो? बहुत सारी बातें हो सकती हैं। हो सकता है, उसके घर में कोई गंभीर समस्या आई हो या कोई बीमार हो। पता नहीं क्या कारण हो सकता है।

ईमानदारी से सोचने पर एक बात से तो आप निश्चिंत हो जाएँगे कि वेटर ने वह कप या प्लेट जान-बूझकर नहीं उलटी थी। आप अपने गुस्से पर काबू पाकर खुद को संयत करेंगे और वेटर से अपनत्व से उसकी समस्या के बारे में पूछेंगे तो निश्चित ही वह हमेशा के लिए आपका मुरीद हो जाएगा। आपको हुए कष्ट के लिए दिल से माफी माँगेगा। जब भी आप दोबारा उस रेस्त्राँ में जाएँगे तो मैनेजर का भी प्रयास यही रहेगा कि आपको विशेष सेवा तथा सम्मान दिया जाए।

इसके विपरीत, अगर आप गुस्सा करते, आत्मसंयम खो बैठते तो हो सकता है कि मैनेजर आपको ड्राइक्लीनिंग के पैसे ऑफर कर देता। आपने जो खाया-पीया है, उसका पैसा छोड़ देता। अगर ऐसा होता तो आप निश्चित जानिए, यह सारा पैसा मैनेजर उस गरीब वेटर की तनख्वाह में से काटता और तब आपको क्या हासिल होता?

केवल कुछ रुपए की छूट। इसके बदले में वह वेटर हमेशा के लिए आपके प्रति अपने मन में एक दुर्भावना पाल

लेता। यही नहीं, वहाँ मौजूद अन्य लोग भी आपको एक क्रोधी एवं गुस्सैल आदमी समझ लेते। लेकिन अगर आप वेटर से उसकी परेशानी पूछकर एक उदाहरण पेश करते हैं तो लोग आपकी मिसाल देते हैं, आपका सम्मान करते हैं। क्यों, सिर्फ इसलिए कि आपने अपने भीतर के क्रोध पर काबू पा लिया है और आत्मसंयम की प्रवृत्ति विकसित कर ली है। ऐसा करके आप स्वयं तो कुछ नहीं बोलते, पर आपके सद्व्यवहार से उस गरीब वेटर का रोम-रोम जरूर बोल उठता है, 'थैंक यू सर!'

दूसरों को अपना बनाने का यह भी एक उत्कृष्ट तरीका है।

❑

यदि किसी ने आपके लिए कोई कार्य किया है तो आपको तुरंत उसका आभार प्रकट करना चाहिए, क्योंकि ऐसा करके आप स्वयं को एक कुशल व्यावहारिक व्यक्ति साबित कर सकते हैं।

—सूर्या सिन्हा

हमेशा व्यक्त करें दूसरों का आभार

व्यवहार की सच्चाई के साथ-साथ दूसरों का आभार व्यक्त करने का गुण भी आपको दूसरों से अलग करके प्यार व सम्मान का हकदार बनाता है। बशर्ते आप अपने प्रति सच्चे हों। अपने लक्ष्यों का आपको पता हो और दूसरों के प्रति भी आप सच्चाई से पेश आएँ। दरअसल, जब आप सच्चे होते हैं तो आपका मन हलका होता है, आपके दिल पर कोई बोझ नहीं होता। लेकिन जब आप सच्चाई से अलग होते हैं तो अपने झूठ को बचाए रखने के लिए आपको हजारों-हजार उपाय और तिकड़में सोचनी पड़ती हैं। ऐसा इसलिए, क्योंकि आपका अभिमान उससे जुड़ा है और वह आपके लिए प्रतिष्ठा का प्रश्न बन जाता है। आप असुरक्षा के भाव से घिर जाते हैं और झूठ-फरेब की बदशक्ल चारदीवारी अपने चारों ओर बना लेते हैं। ऐसा करके आप समझते हैं कि आपने अच्छा किया, जबकि वास्तव में आप गलत होते हैं। इसी गलती की वजह से आपके दिल पर बोझ बढ़ता है, आपकी बेचैनी बढ़ती है और आप कभी भी इत्मीनान, चैन व सुकून से नहीं रह सकते।

दूसरों के साथ व्यवहार करते समय ध्यान रखिए कि अगर उनसे आपका कोई कार्य सिद्ध हो रहा है तो वह उनका आपके

लिए किया गया काम है। वह काम किसी भी रूप में हो सकता है–रुपया-पैसा, श्रम, सलाह या दूसरे किसी रूप में। इसके लिए आपको उनका आभार व्यक्त करना चाहिए। ऐसा आभार जो क्षणिक न हो। प्राय: होता यह है कि जब किसी से आपका कोई काम अटक रहा होता है, तब आप दिन-रात उसके चक्कर काटते हैं। ऐसा होना स्वाभाविक भी है, क्योंकि आपकी प्राथमिकता उस समय उस काम की होती है, इसलिए आपका पूरा ध्यान उसी पर लगा रहता है। काम पूरा हो जाने के बाद उसकी प्राथमिकता समाप्त हो जाती है। आप दूसरे कामों में फँस जाते हैं तो उस आदमी के पास आपका निरंतर आना-जाना नहीं हो पाता और लोग कह भी देते हैं, 'यार, काम था तो पचास चक्कर काटे, अब काम निकल गया तो कोई खोज-खबर नहीं।'

सही बात यह है कि ऐसा हो भी नहीं सकता कि आप एक ही आदमी के दिन में पचास चक्कर रोज सिर्फ इसलिए लगाएँ कि उसने कभी आपका कोई काम किया था। उस आदमी की आपसे यह अपेक्षा भी बेमानी है कि काम हो जाने के बाद भी आएदिन आप उसके दरबार में हाजिरी लगाते रहें। ईमानदारी से देखा जाए तो इस पूरे मामले में जो महत्त्वपूर्ण है, वह यह है कि आपने अपना काम हो जाने के बाद ईमानदारी से उसका आभार व्यक्त किया या नहीं। और यह भी कि आपके मन में उस आदमी का वह काम हमेशा जिंदा रहता है या नहीं? उचित यह है कि जब भी आपका आमना-सामना उस आदमी से हो, तो आप उससे गर्मजोशी से मिलें, ताकि उसे एहसास हो कि आप उसे भूले नहीं हैं। यदि संभव हो तो फोन करके भी कभी-कभी

उसका हाल-चाल पूछ लें।

कहने का तात्पर्य यह है कि जिस आदमी का आपके कार्य में कभी कहीं योगदान रहा है तो जैसा व्यवहार आप काम निकलवाने के समय करते रहे हैं, वैसा ही व्यवहार काम निकल जाने के बाद भी होना चाहिए। ऐसा न हो कि काम निकलने के बाद आप उस व्यक्ति से आँखें फेर लें। इस तरह आप दुबारा कभी उस आदमी से कार्य सिद्ध नहीं कर पाएँगे। केवल एक आदमी नहीं, यदि सबके साथ आपने यही अशिष्टता बनाए रखी तो जल्दी ही आपके प्रति दूसरों का व्यवहार बदल जाएगा। फलतः धीरे-धीरे आप अकेले पड़ जाएँगे, कोई आपके साथ नहीं होगा। आप न तो किसी के अपने बन पाएँगे और न ही किसी को अपना बना पाएँगे।

❑

दूसरों की निजता का सम्मान करें

इस पुस्तक में हमने दूसरों का दिल जीतने, प्यार तथा मान-सम्मान से भरपूर जीवन-शैली और लोक-व्यवहार के जितने बिंदुओं पर चर्चा की है, उनमें एक ऐसा बिंदु, जो प्रेरणा का काम करता है, वह है दूसरे की निजता का सम्मान करना। आप कितना भी, कैसा भी व्यवहार कर रहे हों, जब तक आप दूसरों की निजता का सम्मान नहीं करेंगे, आप उनका दिल जीतने में कभी सफल नहीं हो सकते। हर आदमी के जीवन की कुछ-न-कुछ ऐसी निजी भावनाएँ होती हैं, जिन्हें वह किसी के साथ बाँटना नहीं चाहता। यहाँ तक कि पति-पत्नी जैसे सबसे नजदीकी रिश्ते में भी कोई एक-दूसरे से अपनी निजता नहीं बाँटना चाहता। यह भावना किसी आदत से जुड़ी हो सकती है या किसी अन्य तथ्य से, पर हर व्यक्ति की बहुत सी बातें नितांत व्यक्तिगत होती हैं।

मान लीजिए, किसी को नहाने के बाद खामोश होकर कुछ देर लेटने की आदत है या किसी का कभी किसी से कोई लगाव या रोमांस रहा था, पर वहाँ उसे चोट खानी पड़ी या अपने नजदीकियों के बहुत समझाने और मना करने पर भी किसी ने सबकी मरजी के विरुद्ध कोई काम शुरू किया और उसमें उसे असफलता मिली या किसी की कुछ खाने-पीने की अपनी निजी इच्छा, जो आपको अच्छी नहीं लगती। ऐसी ही अन्य बातें, जो बिलकुल व्यक्तिगत होती हैं, कई बार आदमी इन्हें न किसी के

साथ भावनात्मक स्तर पर बाँटना चाहता है, न ही इनमें किसी की दखलंदाजी पसंद करता है।

याद रखिए, दूसरों का दिल जीतने के क्रम में आपको दूसरों के प्रति अपने व्यवहार में सतर्क रहना होता है। ऐसे में यदि किसी की ऐसी व्यक्तिगत बातों को, जो कि उसके लिए दुखती रग हो, उन्हें लेकर आप उसे कुरेदेंगे तो आप सीधे-सीधे उसकी निजता को चोट पहुँचाएँगे।

इसके विपरीत, आपका व्यवहार ऐसा होना चाहिए कि किसी की व्यक्तिगत भावनाओं को आप कभी छेड़ें ही नहीं। हो सकता है, आपको वे बात या आदतें उसकी कमी लगें। पर याद रखिए, ऐसा नहीं हो सकता कि आप व्यक्ति को सिर्फ उसकी अच्छाइयों के साथ ही स्वीकार कर पाएँ। आप जब किसी को अपना बनाने की दिशा में बढ़ते हैं तो आपको उस व्यक्ति को उसकी संपूर्णता में स्वीकार करना पड़ता है। यदि कोई व्यक्ति स्वयं आपके साथ अपने नितांत व्यक्तिगत भावों पर चर्चा करता है, तभी चर्चा में शामिल हों और राय-मशवरा दें। इस दिशा में अपनी ओर से अनचाही पहल बिलकुल न करें।

❑

सहानुभूति नहीं, समानुभूति अपनाएँ

किसी दूसरे के प्रति सहानुभूति जताना बहुत ही आसान है, लेकिन दूसरों के दुःख-दर्द को समझते हुए उसे दूर करने में मन से मदद करना थोड़ा मुश्किल अवश्य है।

जी हाँ दोस्तो, यह एक बहुत ही महत्त्वपूर्ण विषय है। आमतौर पर देखा गया है कि लोगों में एम्पैथी की बहुत कमी होती है। यदि मैं यह कहूँ कि 99 प्रतिशत लोग इस गुण से वंचित रह जाते हैं तो यह गलत नहीं होगा।

हम आमतौर पर दूसरों के प्रति सिम्पैथी तो जताते हैं, लेकिन एम्पैथी जताना नहीं जानते।

अब कुछ लोग कहेंगे कि एम्पैथी क्या है?

एम्पैथी का हिंदी अर्थ है—समानुभूति अर्थात् दूसरों को उनके ही अपने भावों व अंतरात्मा से सुनना और उनके दुःख-दर्द को स्वयं महसूस करना। आप इसे ऐसे भी कह सकते हैं कि जागरूकता के साथ-साथ दूसरों की भावनाओं और विचारों को समझने की कला है—एम्पैथी।

जाके पाँव न फटी बिवाई।
वो क्या जाने पीर पराई॥

अर्थात् जब तक मनुष्य के स्वयं के पाँव में बिवाई नहीं फटती,

तब तक उसे दूसरे के दुःख-दर्द का सही अहसास नहीं होता। किसी विद्वान् ने यह बात इसलिए कही होगी कि उसने आम लोगों में एम्पैथी यानी समानुभूति की कमी देखी होगी। समानुभूति एक अलग भावना है। बहुत कम लोगों में यह भावना पाई जाती है।

समानुभूति की कमी के परिणाम

- व्यक्ति दूसरों के मनोभावों और अनुभवों को सही अर्थों में नहीं समझ पाता।
- हम अच्छे संबंधों में बदलनेवाली अनेक संभावनाओं को समाप्त कर देते हैं।
- समानुभूति के अभाव में घर-परिवार में भी धीरे-धीरे दूरियाँ बढ़ती देखी गई हैं।

आसान शब्दों में समानुभूति को अगर हम समझें तो दूसरे के दुःख-दर्द को स्वयं महसूस करना उसकी कठिनाइयों या अभावों को इस हद तक महसूस करना, मानो न होते हुए भी उसके दुःख-दर्द, उसकी कठिनाइयों या अभावों का आपको पूर्ण अहसास है।

समान + अनुभूति = समानुभूति

इस विषय को स्पष्ट करने के लिए मैं आपको एक कहानी सुनाता हूँ।

एक युवा कॉलेज की अपनी पढ़ाई पूरी करके सेना में भरती होता है और उसे देश की रक्षा के लिए सीमा पर तैनात किया जाता है। वह हर पंद्रह दिन बाद

अपने माता-पिता को पत्र लिखता है और अपने समाचार भेजता है। एक दिन माता-पिता को उसका एक पत्र मिलता है। पत्र में लिखा होता है कि वह छुट्टियों में घर आ रहा है। माता-पिता पत्र पढ़कर खुश होते हैं और जवाब में लिखते हैं–'बेटे, हम तुम्हारे आने का बेसब्री से इंतजार कर रहे हैं।'

लड़का जवाब में अपने माता-पिता को लिखता है कि वह अकेला नहीं आ रहा। सेना में उसका एक घनिष्ठ मित्र भी है, उसे भी साथ लेकर घर आ रहा है।

माता-पिता जवाब में लिखते हैं–'बेटा, हम तुम्हारे साथ तुम्हारे मित्र का भी स्वागत करेंगे। जब वह हमारे यहाँ से वापस जाएगा तो प्रसन्न होकर ही जाएगा।'

पत्र के जवाब में लड़का लिखता है–'मम्मी-पापा, मैं अपने दोस्त के बारे में पिछले पत्र में एक बात लिखना तो भूल ही गया। मेरा वह मित्र सीमा पर देश की रक्षा करते-करते बुरी तरह घायल हो गया था, जिस कारण उसका एक हाथ और एक पाँव काटना पड़ा। क्या अब भी आप लोग मेरे मित्र का स्वागत करेंगे?'

पत्र के जवाब में माता-पिता लिखते हैं–'बेटे, हमें यह सुनकर दुःख हुआ कि तुम्हारे मित्र को देश की रक्षा करते हुए अपना एक हाथ और एक पाँव गँवाना पड़ा है। जबकि दूसरी ओर हमें खुशी है कि

तुम्हें ऐसा बहादुर दोस्त मिला। अब तो हम उसका और भी अधिक स्वागत करेंगे और उसका भरपूर खयाल रखेंगे। जब वह हमारे यहाँ से जाएगा तो हमारे प्यार को नहीं भूल पाएगा।'

इसके जवाब में लड़का लिखता है–'मम्मी-पापा, मैं चाहता हूँ कि मेरा वह मित्र हमेशा हमारे साथ ही रहे, क्योंकि उसका कोई अपना नहीं है। अगर कोई है तो वे हम लोग ही हैं।'

पत्र के जवाब में माता-पिता लिखते हैं–'बेटे, कुछ समय तक तो एक अपाहिज को हम अपने साथ रख सकते हैं, पर जीवन भर के लिए उसे अपने साथ रखना संभव नहीं। हम तुम्हारे मित्र के लिए किसी आश्रम में रहने का अच्छा प्रबंध अवश्य कर देंगे और उसके लिए थोड़ी-बहुत आर्थिक सहायता भी कर देंगे, पर अपने साथ हमेशा रख पाना हमारे लिए संभव न हो पाएगा। बेटे, आशा है कि तुम हमारी बातों को समझोगे और अपने दोस्त का किसी दूसरी जगह रहने का इंतजाम करोगे।'

इस पत्र को पढ़ने के बाद वह लड़का अपने माता-पिता को कोई भी पत्र नहीं लिखता। एक दिन उसके माता-पिता को सेना की तरफ से एक पत्र मिलता है, जिसमें लिखा होता है कि उनके बेटे ने आत्महत्या कर ली है। जब उसके माता-पिता वहाँ पहुँचते हैं तो यह देखकर हैरान रह जाते हैं कि उनके

बेटे का एक हाथ और एक पाँव कटा हुआ है। दरअसल, हुआ यह था कि जिस जिगरी दोस्त के बारे में वह बार-बार लिख रहा था, वह और कोई नहीं, वह स्वयं ही था। जब उसे यह पता चलता है कि उसका एक हाथ और एक पाँव न रहना उसके माँ-बाप के लिए बोझ है तो वह अपने आपको भी खत्म कर लेता है।

माँ-बाप जब उसकी लाश देखते हैं तो विलाप करते हुए कहते हैं, 'बेटा, एक बार तुमने हमें बता तो दिया होता कि वह जिगरी दोस्त कोई और नहीं, तुम स्वयं हो, तो हम तुम्हें जरूर स्वीकार कर लेते।'

इस कहानी को सुनाने का मेरा तात्पर्य यही है कि समाज में प्रत्येक व्यक्ति दूसरों से सहानुभूति तो दिखाता है, पर समानुभूति दरशाता नहीं। आमतौर पर देखा जाता है कि कोई व्यक्ति किसी के दर्द को, दुःख को अथवा परिस्थितियों को तभी सही अनुभव कर पाता है, जब वह स्वयं उस दर्द, उस दुःख या परिस्थिति से गुजर चुका हो। अगर समानुभूति का गुण आप में है तो आप बिना उन परिस्थितियों, दुःख-दर्द को भोगे भी सामनेवाले की स्थिति का सही अनुमान लगाकर उसकी सहायता के लिए व्याकुल हो उठते हैं। तब अपनत्व और प्रेम का जो समन्वय दिखाई देता है, वह सहानुभूति से कहीं ऊँचा दर्जा रखता है। जब कभी आपके मन में दूसरे के प्रति करुणा उभरती है और आप जिस समर्पित भाव से आगे बढ़कर उसके दुःख-दर्द को दूर करने का प्रयास करते हैं, तब सामनेवाला भी आत्मिक गहराइयों के साथ

आपसे जुड़ जाता है और इसे ही सच्चा प्रेम कहा जाता है।

यह गुण केवल आपके घर-परिवार में ही नहीं, बल्कि दुनिया के हर क्षेत्र में आपको आगे बढ़ने में मददगार सिद्ध होता है। यह एक वैश्विक सद्‌गुण है, जो प्रत्येक व्यक्ति में वैसे ही होना चाहिए जैसे उसमें प्रेम, दया, सम्मान, क्षमा आदि होते हैं। चारित्रिक विकास में भी समानुभूति विशेष महत्त्व रखती है। यहाँ तक कि उच्च कोटि के सफल व्यापारी भी व्यापार में सफलता के लिए इसे एक आवश्यक गुण मानते हैं।

अब आप प्रश्न करेंगे कि समानुभूति सीखें कैसे?

समानुभूति सीखने का सबसे सरल उपाय यह है कि सबसे पहले तो आप यह देखें और समझें कि ऐसी कौन सी बात या घटना है, जो सामनेवाले व्यक्ति को परेशान किए जा रही है और वह व्यक्ति ऐसा व्यवहार क्यों कर रहा है?

यह सब जानने व समझने के बाद आप उस व्यक्ति से जो परस्पर वार्त्तालाप स्थापित करेंगे, निश्चित ही वह समानुभूति भरा होगा। सामनेवाले व्यक्ति को यही लगेगा कि आप उसे अपना मानते हैं और उसके सभी दुःख-दर्दों को जानते व समझते हैं। इस प्रकार आप उससे एक बेहतर तथा भावनात्मक संबंध स्थापित कर पाने में भी सफल हो जाते हैं।

मनोवैज्ञानिकों के अनुसार, भावनात्मक बुद्धिमत्ता के लिए भी समानुभूति आवश्यक है। इससे सकारात्मक तरीके से दूसरों पर अपना प्रभाव छोड़ने में मदद मिलती है।

अब सवाल यह उठता है कि कैसे करें स्वयं में समानुभूति का विकास?

इसे विकसित करना कोई बड़ी बात नहीं है और न ही यह कोई बहुत जटिल समस्या है। कुछ कामों को करने से पहले आपको स्वयं में इस गुण को विकसित करने के लिए थोड़ा गहराई से सोचना है। जैसे–

- कोई भी निर्णय लेने या उस पर अमल करने से पहले विचार कर लें कि दूसरे पर इसका कैसा प्रभाव पड़ेगा?
- यह सामनेवाले पर सकारात्मक प्रभाव डालेगा या नकारात्मक?
- सोचें, जिसके विषय में आप कोई निर्णय करने जा रहे हैं अथवा जिसके विषय में आप कोई बात कहने जा रहे हैं, उस निर्णय को सुनकर या आपकी बातों को सुनकर यदि आप उसकी जगह होंगे तो आपको कैसा लगेगा?
- निजी स्वार्थ से ऊपर उठकर बाहरी दुनिया को ध्यान में रखकर यह विचार भी करें कि दूसरों का दुःख-दर्द आप किस प्रकार दूर कर सकते हैं।
- ऐसा क्या करें जिससे दूसरों के जीवन में खुशियाँ आएँ या किसी दूसरे के होंठों को आप मुसकान का उपहार दे सकें।

एक बात हमेशा ध्यान में रखें कि जिस व्यक्ति में समानुभूति का गुण होता है, उसका स्वयं का जीवन भी सुख व शांति से व्यतीत होता है। इस गुण से संपन्न व्यक्ति न केवल परिवार, समाज एवं कार्यक्षेत्र में एक नई सौहार्दपूर्ण, अपनत्व भरी दुनिया के निर्माण में मदद करता है बल्कि इस गुण के माध्यम से वह दूसरों का दिल जीतता जाता है और सभी को हमेशा के लिए अपना बना लेता है।

❑

अब अंत में

दोस्तो, हमने शुरू में चर्चा की थी कि किस तरह मनुष्य पशु से स्वयं को अलग कर अपने विवेक का इस्तेमाल करते हुए मानव-सभ्यता के विकास का मूल प्रेरणा-स्रोत बना। यह मनुष्य का विवेक ही है; उसकी सोचने-समझने, विश्लेषण करने, जिज्ञासाएँ शांत करने के लिए नए-नए प्रयोग करने की शक्ति ही है, जिसने संसार को एक से बढ़कर एक आविष्कार और नई-नई तकनीकें दीं। इन खोजों के बल पर दुनिया बहुत छोटी सी लगने लगी है। संसार के किसी भी कोने से किसी भी समय किसी भी आदमी के संपर्क की स्थिति ने सचमुच ही सभ्यता को नए आयाम दिए हैं। एक दूसरे की संस्कृतियाँ आपस में आज कहीं ज्यादा तेजी से घुल-मिल रही हैं। एक-दूसरे के विशिष्ट गुणों को अपना रही हैं। हम इस संसार की ही बात क्यों करें, आज आदमी पृथ्वी के अलावा चाँद, मंगल, बृहस्पति जैसे ग्रहों तक भी अपनी पहुँच बना चुका है और आगे और भी नई-नई खोजें करता रहेगा। इसके साथ ही एक चीज, जो निरंतर इस जेट युग में भिन्न होती जा रही है, वह है प्रेम, लगाव, पारस्परिक जुड़ाव, अपनापन और एक-दूसरे के प्रति चिंता का भाव। दुनिया की हर फिलॉसफी जहाँ आकर पूरी होती है, वह एक ही शब्द है—प्रेम।

हर दर्शन, धर्म और विचार में अलग-अलग राहों से ही सही, पर प्रथम और अंतिम लक्ष्य प्रेम को ही माना गया है और

प्रेम के लिए जरूरी है–लोक-व्यवहार। यह व्यवहार भी सिर्फ अपने तक ही सीमित व स्वार्थपूर्ण नहीं, बल्कि दूसरों के हितों को, उनकी चिंताओं को भी महत्त्व देता हुआ होना चाहिए। किस तरह हम अपने व्यवहार में सकारात्मक और प्रेम भरा व्यावहारिक दृष्टिकोण अपनाएँ कि हम सभी को अपना बना सकें और सभी के चहेते बन सकें। जीवन में किसी की हानि न करें, किसी को चोट न पहुँचाएँ और जितना संभव हो सके, दूसरों के लिए कुछ कर पाएँ, और यह सब संभव है हमारे व्यवहार से।

हमारे पूर्वजों ने जिस मानव–सभ्यता की नींव रखी थी, हमें उसे और मजबूत करना है, और ऊँचा उठाना है। उस नींव पर बनी इमारत को हमें अपने व्यवहार से इतना लचीला बनाना होगा कि हम सहजता से दूसरों के दिल जीत सकें। दूसरों का दिल जीतना हालाँकि बहुत आसान नहीं है, लेकिन जीवन में सफलता के लिए, सफलता पाकर उसे स्थिर बनाए रखने के लिए; परिवार में खुशहाली, सुख व शांति के लिए; मित्रों, परिचितों व संबंधियों से मधुर संबंध बनाए रखने के लिए, समाज व देश की एकजुटता के लिए हमें यह कठिन कार्य मन लगाकर करना ही होगा। इसके लिए पुस्तक में दिए गए व्यवहार संबंधी सुझावों के साथ–साथ हमें इसकी मूल भावना को भी नहीं भूलना है।

❑❑❑

सूर्या सिन्हा

एक ऐसा नाम, जिससे मिलती है एक प्रेरणा

जो बनाती है आपकी जिंदगी को

सफल, सुव्यवस्थित और आदर्श

आमंत्रण

सूर्या सिन्हा की मानव प्रशिक्षण एवं प्रेरणा प्रदान करनेवाली संस्था 'विनर्ज़ ट्रैक' सात दिवसीय, पाँच दिवसीय, तीन दिवसीय, दो दिवसीय तथा एक दिवसीय कार्यशाला एवं सेमिनार निम्नलिखित विषयों पर प्रस्तुत करती है–

- ❑ सफलता प्राप्ति (Gain Success)
- ❑ व्यक्तित्व विकास (Personality Development)
- ❑ भाषण एवं प्रस्तुतीकरण कला (Public Speaking & Presentation Skill)
- ❑ संप्रेषण कला (Communication Skill)
- ❑ ध्यान साधना एवं तनाव मुक्ति (Meditation & Art of Relaxation)
- ❑ व्यवहारकुशलता (Relationship Mastery)
- ❑ स्मृति विकास (Memory Development)
- ❑ अध्ययन तकनीक (Study Technology)
- ❑ शिक्षण तकनीक (Teaching Technology)
- ❑ समय प्रबंधन (Time Management)
- ❑ लक्ष्य निर्धारण (Goal Setting)
- ❑ लीडरशिप (Leadership)
- ❑ व्यवसाय विकास (Business Development)
- ❑ सेल्स प्रमोशन (Sales Promotion)
- ❑ डी.टी.डब्ल्यू. (Distributors Training Workshop)

बुकिंग हेतु आदेश पत्र

नाम ....

पता ....

फोन .... मोबाइल ....

ई-मेल ....

कार्यशाला/सेमिनार– ☐ सात दिवसीय ☐ पाँच दिवसीय

☐ तीन दिवसीय ☐ दो दिवसीय ☐ एक दिवसीय

(जिस कार्यशाला/सेमिनार का चयन करें, उस बॉक्स पर ✓ का निशान लगाएँ।)

कृपया ध्यान दें

✓ सभी कार्यशालाओं/सेमिनारों की अलग-अलग प्रोफेशनल फीस है।

✓ एक से ज्यादा सेमिनार/कार्यशाला करवाने पर पैकेज डिस्काउंट मिलेगा।

✓ हवाई जहाज किराया और लॉजिंग व फूडिंग के अतिरिक्त चार्जिज होंगे।

✓ चयनित कार्यशाला/सेमिनार बुकिंग हेतु शुल्क का 50 प्रतिशत बैंक ड्राफ्ट या चेक के जरिए अग्रिम भुगतान करना आवश्यक है।

सूर्या सिन्हा की पुस्तकें अथवा कैसेट्स होलसेल में लेने या कार्यशाला/सेमिनार की फीस एवं बुकिंग हेतु संपर्क करें–

विनर्ज़ ट्रैक

141 ए, पॉकेट ए-2, मयूर विहार, फेस-3, दिल्ली-110096

09350527204, 09313632981, 09312698276